应用型高校本科专业
产教融合型课程体系改革与实践
学前教育专业

李萍　杨颖　兰昕　编著

清华大学出版社

北京

内 容 简 介

本书是学前教育专业项目化教学改革的阶段性成果,内容包括学前教育专业概况、学前教育专业课程体系构建、学前教育专业课程知识建模、基于 OBE 理念的教学设计等。书中特别选取了两门专业基础课和两门专业课作为案例,呈现出项目化教学改革中产生的知识建模图、教案、教学设计,都是可见、可知、可用的实践性较强的教学成果。

本书是多年来学前教育专业人才培养领域理论思考和实践探索的结晶,注重将理论创新融入实践之中,对学前教育人才培养具有重要参考价值。本书不仅适用于学前教育专业人才的培养,也可供对学前教育专业有兴趣的社会人士参阅。

图书在版编目(CIP)数据

应用型高校本科专业产教融合型课程体系改革与实践.学前教育专业 / 李萍,杨颖,兰昕编著.
北京:清华大学出版社,2025.4. --ISBN 978-7-302-68856-3

Ⅰ.G649.21

中国国家版本馆 CIP 数据核字第 2025BY5468 号

责任编辑:刘士平
封面设计:常雪影
责任校对:李 梅
责任印制:沈 露

出版发行:清华大学出版社
   网 址:https://www.tup.com.cn,https://www.wqxuetang.com
   地 址:北京清华大学学研大厦 A 座   邮 编:100084
   社 总 机:010-83470000   邮 购:010-62786544
   投稿与读者服务:010-62776969,c-service@tup.tsinghua.edu.cn
   质量反馈:010-62772015,zhiliang@tup.tsinghua.edu.cn
印 装 者:三河市东方印刷有限公司
经 销:全国新华书店
开 本:185mm×260mm   印 张:11.5   字 数:220 千字
版 次:2025 年 6 月第 1 版   印 次:2025 年 6 月第 1 次印刷
定 价:43.00 元

产品编号:109533-01

序 一

　　课程是教育教学活动的基本依据,是实现教育目标的基本保证,是学校一切活动的中介。课程教学是师生共存的精神生活过程,自我发现和探索真理的过程,生命活动和自我实现的方式。具体而言,课程的重要性体现在 4 个结合点:第一,课程是学生和学校的结合点,学校提供课程,学生学习课程;第二,课程是学校和社会的结合点,社会对人才(学生)的不同要求通过课程结构和内容的改变来实现;第三,课程是教学和科研的结合点,科研促进教学,载体是课程;第四,课程是学生个体文化和社会文化的结合点,是学生社会化的重要渠道。课程是学校最重要的事,同时也是最容易被忽视的事。学校领导往往认为,课程教学是教师们的事;教师则容易将自己的研究、关注点放在学术上,忽视对课程的研究。实则,课程是一个开放体系,与政治、文化、经济、民族、语言、性别、制度、学科等紧密相连;课程教学是一项合作的事业,需要政府、社会、大学、领导、教师、学生、职员广泛参与。

　　黄河科技学院是一所高度重视课程建设的大学。我与该校董事长胡大白先生、执行董事兼校长杨保成教授有过多次交流。2024 年 10 月,我和我们院校研究团队师生到该校进行了为期两天的考察学习。同年 11 月,我指导的一位博士生又到该校进行了为期一周的调研学习。黄河科技学院的课程建设给我留下了极为深刻的印象。

　　黄河科技学院遵从党中央"全面提高人才自主培养质量"的要求,从"让每个学生都享有公平而有质量的教育,使具有不同禀赋和潜能的每一个人都得到充分发展"出发,积极开展课程改革。在课程改革中,学校立足为地方和产业发展培育应用型人才的人才培养目标,开展大样本、全覆盖的专业岗位需求调研。通过调研,抓住在应用型人才培养中存在的"产教融合不够深入、师资实践应用能力不够、课程体系与市场需求无法紧密衔接"等问题,探索能够满足中国式现代化发展需求,以提升学生的岗位胜任力、就业适应力和职业发展力为目标的应用型本科教育模式。在这一课程改革过程中,影响深远、成效显著的当属创造性地提出并推进项目化教学体系改革。

　　项目化教学以能力目标为导向,以企业岗位任务为课程载体,通过真实的项目来促进学生主动学习。项目化教学具有真实性、实践性、探究性和创新性。实施项目化教学有利于增强学生知识整合和应用能力,有利于提升学生综合能力,有利于培养学生职业能力。从我们的考察中了解到,黄河科技学院从 2018 年开始推动项目化教学体系改革。在改革的过程中,学校做了大量工作。

(1)营造课程建设和改革的制度环境。学校积极营造有利于课程建设和改革的制度环境,出台相关支持政策。首先,开展覆盖全校的课程立项工作,制定各类课程建设标准,每门课给予相应的立项经费支持,累计投入了 3000 多万元支持全校 1300 多门课程的建设和改革。其次,实行优课优酬的制度,根据课程评估结果,给予教师们最高五倍课酬的课时费。最后,给学校教师横向项目 20% 的配套经费,支持教师们将科研成果、横向项目转化落地、公司化、市场化,落地后给予 10 万～15 万元的经费支持,并鼓励教师们将这些成果积极转化,反哺到课程教学中。

(2)构建课程建设和改革的组织机构。大学产教融合课程体系的改革需要联合各个教学单位、职能管理部门和一线教师进行互动合作,逐步构建一个有利于产教融合型课程体系建设的组织机制。首先,学校进行了体制机制改革,在学校职能部门层面进行"大部制"改革,将原来的 13 个处级单位整合成教师中心、教育教学中心、学生中心三大中心,以及思政工作部、科技发展部、资源保障部等五个大部,实现了职能部门的扁平化管理,大大提高了职能部门服务课程建设和改革的效率。在教学单位进行"学部制"改革,将 12 个学院整合成工学部、艺体学部、商学部、医学部四个学部,打通了院系壁垒,整合了学科、专业、师资和平台等各类资源,为课程改革提供了有力支持。其次,学校创建了上下协同的组织机制。自上而下,主管校领导、教育教学中心组织项目化和产教融合型课程体系建设研讨会,激发和启蒙教师对于课程建设的热情和想法,鼓励教师投入课程改革实践,并通过咨询和课程指导推进课程改革的进行和完善。首批试点课程建设完成后,引导优秀教师利用教学学术思维进行研讨、反思和改进,并作为导师培训其他教师开展课程改革,起到了自下而上的效果。上下协同,推进产教融合型课程体系建设的良好发展。

(3)提供课程建设和改革的资源条件。资源条件包括软件条件和硬件条件。其中,软件条件是指利于课程建设和改革的"人"的资源,主要关注产教融合课程教学团队师资建设。聘请国家教育行政学院刘亚荣教授牵头的专家团队,主管校长亲自带队,通过多种方式对学校管理人员和教师进行培训,制定各类课程评估标准,掌握课程知识建模方法;定期组织课程改革交流工作坊,供教师们学习、研讨和互动;鼓励和动员教师到企业挂职锻炼,提高教师们的实践能力,更好地服务产教融合课程改革。硬件条件是指利于课程建设和改革的基础资源,主要包括项目实践场所、项目设计和实施物资以及产业和企业资源的支持。学校主动协调联系校内资源和企业资源,创办大学科技园、创客工厂、众创空间、各类工程实训中心等场所,并保证各类工具和物资的供应,为课程设计和实施提供条件。学校层面和学部层面都设有产教融合办公室,积极联系和对接企业,进行沟通合作,帮助教师们开拓更广泛的企业资源,保证课程植根于产业并最终走向社会。此外,学校还自主研发了集智能管理、智慧教学和数智评价于一体的数字化课程建设平台,为课程建设和改革提供了优质高效的数字化资源保障。

在实施项目化教学的同时,学校倒推整个课程体系的调整和改革,最终构建了"2+1+1"(基础＋实践＋应用)的产教融合型课程体系。在学校构建的产教融合型课程体系中,前两年的基础课阶段聚焦学生基本能力的养成,设置基础性课程,通过一些综合性项目,让学生"见过"和"做过";大三的实践阶段,通过项目化教学课程对接企业实践工作岗位的真实项目,培养学生实践创新能力,让学生能够"做成";大四的应用阶段,设置应用型课程,教师直接带领学生进入企业生产一线,通过企业委托项目,让学生能够"做好"。

黄河科技学院课程体系改革已经取得了丰硕成果,产生了广泛的社会影响。学校在教育教学改革后的师生满意度调查中,总体满意度高于 98%。在改革的过程中,全校师生积极参与,共同创造,凝聚改革共识,产教融合走向深入,教师、学生能力显著提升,人才培养与行业企业岗位需求的对接愈发紧密,课程教学质量有了明显提升。改革成果受到省内外高校和社会的广泛关注,130 多所高校、240 多家企事业单位到校交流;课程改革总体设计者、负责人杨保成教授,应邀在国内各类教育学术研讨会及多所高校介绍改革的做法和经验。

现在,学校以"应用型高校本科专业产教融合型课程体系改革与实践"为题,在清华大学出版社结集出版系列图书,十分有意义。一方面,为应用型高校深化教育教学改革、创新人才培养模式、优化课堂教学方式方法、开展常态化课程评价、全面提升育人水平提供了参考。另一方面,为专业负责人、任课教师如何改革课程结构、改进教学方法,特别是在项目化教学中如何将企业的真实任务或者项目与专业课知识真正融合,以构建一门与人才培养目标相匹配、内容适度的课程等提供了借鉴。综上,我十分高兴地向高校同人们推荐系列图书。

黄河科技学院的"应用型高校本科专业产教融合型课程体系改革与实践"属于规范的院校研究。他们在立足本校课程体系改革的院校研究中,体现出了热心教育、关爱学生的奉献精神;学习教育理论、探索教育规律的科学精神;"勇立潮头,敢于破局",在突破难点、痛点中不断奋进的坚韧不拔的精神,值得我们学习。期望高校同人像黄河科技学院那样开展院校研究,通过院校研究推进学校的建设和发展。

是为序。

华中科技大学原党委副书记
中国高等教育学会院校研究分会创会会长

2024 年 12 月 8 日

序 二

党的二十大报告明确提出了"全面提高人才自主培养质量"的要求,党的二十届三中全会在此基础上审议通过的《中共中央关于进一步全面深化改革 推进中国式现代化的决定》进一步提出了"分类推进高校改革"的要求。为构建高质量的人才自主培养体系,教育部提出了具体的技术路径,包括编制学科专业知识图谱、能力图谱,推动项目式、情景式和研究式教学等深度探索,实现从"知识中心"到"能力中心"的转变。河南省教育厅出台的《河南省本科高等学校深化产教融合促进高质量发展行动计划》,紧密结合本省传统产业提质发展、新兴产业培育壮大、未来产业谋篇布局,全力推动人才培养供给侧和产业需求侧结构要素全方位融合,为加快构建河南现代产业体系,确保高质量建设现代化河南、确保高水平实现现代化河南提供强有力的人才和智力支撑。

作为高等教育体系的重要组成部分,应用型本科高校是形成产教良性互动、校企优势互补的产教深度融合发展格局的高等教育主要生力军,为全面建设社会主义现代化国家提供强大的人力资源支撑,在推进中国式现代化进程中扮演着至关重要的角色。然而,当前应用型本科人才培养体系改革存在很多堵点、痛点和难点,其中以下三个方面尤为关键。

其一,产教融合不够深入。高校与企业合作存在合作浅层化、利益差异化、供需不对接等问题,高校难以准确把握产业需求和企业的实际需求,服务产业发展和行业企业技术升级的能力不够,企业参与高校人才培养过程的积极性、主动性不够。

其二,师资实践应用能力不足。大部分教师毕业后直接到高校授课,理论知识丰富扎实,但缺乏行业经验和企业实践经验,难以紧跟行业最新发展趋势,在解决企业实际问题方面的实践应用能力不足。

其三,课程体系与市场需求无法紧密衔接。现有课程体系没有从市场导向出发进行系统设计,与市场需求衔接不紧密,课程教学目标、内容、评价方法不能有效促进应用型人才培养目标的实现,导致课程体系对人才培养目标的支撑力不够,学生能力与企业岗位任务要求出现脱节。

习近平总书记在 2024 年 9 月召开的全国教育大会上的重要讲话,向全党全社会发出了"建成教育强国"的动员令,系统部署了全面推进教育强国建设的战略任务和重大举措。习近平总书记指出,建设教育强国是一项复杂的系统工程。中共教育部党组在《人民日报》发表文章强调,面对新一轮科技革命和产业变革对全球秩序和发展格局带来的深远影响,能不能建成教育强国、为加快实现高水平科技自立自强提供支撑,能不能培养出世界一流人才和经济社会发展所需的大批高素质建设者,是摆在我们面前的重大课题。如何让每个学生都享有公平而有质量的教育,使具有不同禀赋和潜能的每一个人都能得到充分发展,是每一个教育工作者长期努力、不断改革的方向。

黄河科技学院作为全国第一所民办普通本科高校,肩负着为地方和产业发展培育应用型人才的使命。在新时代全面推进教育强国建设的背景下,学校清醒地认识到,要想真正实现面向未来培养人才,必须勇立潮头,敢于破局,重新规划未来学校发展定位,重构全新的产教融合人才培养体系,并且在专业层面、课程层面、课堂教学层面层层深入、彻底落实。教学改革改到深处是课程,改到痛处是教师。办学理念再好,体系设计再先进,没有教师的落地实施,人才培养成效是无法见真章的。为此,黄河科技学院从 2018 年开始,以英语课程和体育课程为破局起点,通过创新探索,让教师们初试初尝"以学生为中心"的课程和教学模式改革小成功的喜悦和红利;继而通过体制机制重构,全面触发和激励更深层次的人才培养体系创新和方法论创新;通过构建思想引路、问题导向、自我学习探索以及专家咨询等一系列行动学习式的有组织学习,推动全校所有专业所有教师,共同构建和实施了全新的人才培养体系。

人才培养是一个系统复杂的工程,体现在目的—目标体系多层复杂。具体而言,宏观层面必须以党和国家的意志和要求为根本遵循,即落实立德树人根本任务,培养德智体美劳全面发展的社会主义建设者和接班人;中观层面要体现区域需要,即精准对接国家战略和河南省"7+28+N"产业链群,深度聚焦发展新质生产力要求;微观层面,学校明确提出,要以学生的成长发展,提升学生的岗位胜任力、就业适应力和职业发展力为目标。

为实现上述目的—目标体系,学校以支撑目标实现的课程体系改革为突破口,构建了以能力逐级进阶提升为导向的"2+1+1"(基础+实践+应用)产教融合型课程体系(见图 1)。其中,立德树人的课程思政点作为每一门课的育人目标,纳入教学设计要求。课程体系中的"2"代表本科阶段的大一、大二聚焦学生"基本能力"养成,设置基础性课程。学生通过基础性课程学习专业基础知识和技能,实现"见过"和"部分做过",为后续学习与实践筑牢坚实的理论基础和技能基础。中间的"1"代表大三基于企业真实项目和市场评价标准,创设基于培养实践和创新能力的项目化教学课程,设置就业、创业、应用研究三个方向,实施分类培养。学生可根据职业发展方向自由选择,实现个性化发展。学生在参与项目化教学课程的学习与实践中,将理论知识与实际项目紧密结合,有效提高实践能力和创新能力,实现"做成"。最后一个"1"代表大四开设应用型课程,教师带领学生直接进入企业生产一线,直接参与工作实践,在获取工作报酬的同时接受职业应用性评价,更深入地了解职业需求,为未来职业发展做好充分准备,进一步提升职业发展力,实现"做好",同时为即将步入职场的学生增强信心与竞争力,铺就应用型人才成长之路。学校创新课程体系的最终目的是实现应用型人才的高质量培养,助力学生实现高质量就业。

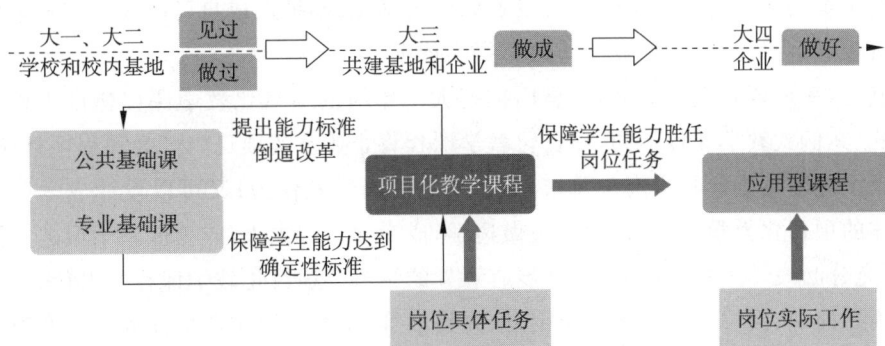

图1　黄河科技学院"2+1+1"(基础+实践+应用)产教融合型课程体系

之所以进行这样的课程体系设计,是基于学校在多年产教融合的探索实践中发现,教师按照基于学习产出的教育理念(outcomes-based education,OBE)构建课程和课程模块,将能力作为课程目标,其背后的假设是"课程直接可以支撑能力目标",实际上在操作层面较难实现;而把行业企业的真实岗位任务或工程项目、技术研发项目转化为项目化的课程,其背后的假设是"能力内含在操作真实任务的过程中"。因此,将项目化教学课程作为能力培养的真实载体,教师更容易操作。教师可将自己做过的项目转化为课程,用任务承载真实能力训练,学生完成任务即受能力训练,且培养的能力可在任务结果中体现并进行评价。当然,其难点在于如何将企业的真实任务或者项目与专业课程知识真正融合,以构建一门与人才培养目标相匹配、内容适度的课程。在此实践逻辑基础上,学校以此类课程为起点,倒推整个课程体系的改革、调整和融合。产教融合型课程体系构建涉及学校及教职工的办学理念层面、工作系统方法层面、落实行为层面和办学效果评价反馈等,是一个复杂的系统工程。为构建这套全新的产教融合型课程体系,学校做了以下基础性改革工作。

一、抓住关键环节,重构人才培养体系

其一,大样本、全覆盖的专业岗位需求调研。由学校商学部人力资源专业团队牵头,专业设计调研方案,培训所有参与调研的专业负责人和教师。学校所有的专业负责人组队深入到学生就业的主要用人单位,开展产业、企业、岗位调研,利用调研数据进行工作分析,最终建立就业数据库:产业—行业—企业分类标准、产业链人才需求标

准、专业人才培养质量标准。学校编制了人才需求能力标签,构建了职位标签等,以便更精准地匹配人才与市场需求。学校紧跟产业需求,将这些标签全部纳入自主研发的数字化平台,形成产业、行业、用人单位就业信息数据库。这些标签都是企业人力资源部门熟悉的用人标签,用人单位后续能够在平台上更新和组合自己的就业数据标签,进而发布就业信息。开放的就业信息数据库能够吸引越来越多的用人单位进驻,逐步覆盖所有本科专业对应的岗位。各专业以此为基础,倒推形成自己的人才综合素质能力评价模型,为后续人才培养模式改革提供依据。

其二,采取课程立项的办法,全面推行大三年级的项目化教学课程建设工程。与项目式、案例式教学课程不同,项目化教学课程将企业真实项目"化"为课程项目任务,既可以无缝对接企业真实岗位要求,提升学生的岗位胜任力;又可以设计成学生是学习主体的项目化教学课程,让学生边做边学,成为学习的主人,成为课堂学习的共同设计者,充分激发学生的内在动力,开展有意义的学习。项目化教学课程的设计,以市场需求为导向,从岗位真实任务要求出发,先提取"职位群—岗位典型任务—工作项目",然后优化这些项目所需要的专业知识图谱,将专业知识图谱与工作项目融合,形成一种新型的项目化教学课程的知识图谱。在此基础上,确定课程教学目标、项目任务、教学内容、课上课下学习任务等。学校制定了项目化教学课程的建设标准:一是强调项目"真实性",必须是来源于企业的实际项目,可以是即时性项目或延时性项目,按照岗位任务逻辑,将项目任务、项目流程、项目能力、常见错误和解决办法编排成学习任务单元;二是建立对接企业行业的项目资源库,及时更新,确保项目的延续性和内容的有效性;三是制定以成果为导向、市场直接评价或仿真评价的三级评价标准,学生考核合格即能达到课程对应的岗位任务要求,胜任岗位工作。项目化教学课程是"2+1+1"产教融合型课程体系中的核心环节,具有承上启下的关键作用。这个环节不进行改革,其他课程改革都只是理念,无法真正落地实施。因此,学校将大三的项目化教学课程的改革作为整个课程改革的切入点,以分批立项的方式完成了大三所有的课程改革。

其三,依托数字化学习平台,基于知识建模、课程教学设计的技术方法全面重构课程体系。作为课程改革的突破口,学校在全面实施项目化教学课程后,开始倒逼前修专业基础课程改革,支撑大四的应用型课程建设。前修基础课程需在目标制定、内容选择、教学模式和评价考核等方面提供有力支撑,以确保知识的系统性和连贯性。同时,项目化教学课程也为大四学生直接参与用人单位的真实项目和工作,提供更具技术性和实用性的知识,以及解决实际问题能力和创新能力的基础。为此,学校邀请国家教育行政学院刘亚荣专家团队,以课程知识建模为基础,全面重构公共基础课程和专业基础课程。一是绘制所有课程的知识建模图。本科专业的全部课程绘制知识建模图为新型人才培养体系搭建坚实的知识体系基础。二是重构基础课程。从支撑项目化教学课程或后续专业基础课程的需要入手,倒推专业基础课和公共基础课的知识容量和结构,全面梳理项目化教学课程所需的知识、能力和素质,将知识点进行详细分解、重新组合,重塑现有的知识体系,对前修专业基础课程的知识、能力、素质主模块进行组合,形成新的专业基础课和公共基础课。三是明确课程建设标准,推动新版教学设计和课程大纲的制定。基于课程知识建模图,重新制定1206门本科课程的教学设计和课程大纲,每门课的教学设计都重新设计和匹配了"以学生为中心"的各种教学、学习资源,包括线上课程、作业练习、各种学习评价工具等。四是建设数字化学习平台系统。所有课程的教学、学习资源都实现了线上师生共享,有效满足了教师教学和学生学习对各种学习资源和工具即时性、便利性的需求;解决了公共基础课学生基数大、师生互动难等问题;也解决了教考分离、多维评价、客观证据翔实的教学和学习评价真实难题;真正实现了学生随时可学,不受限于学期和专业,学完即可结业的泛在学习理念。

其四,基于市场真实评价的应用型课程建设。作为学校"2+1+1"产教融合型课程新体系的最后环节,应用型课程是对应用型人才培养效果的有效检验和直接体现。学校指导各本科专业开展高质量充分就业调研分析,通过定性定量相结合,从知识能力素质要求、工作岗位经验、职业资格证书考取等维度对毕业生高质量充分就业的本质属性进行画像,提出高质量充分就业标准,并落实到应用型课程目标中。应用型课程的设计基于实际的产业发展和市场需求,由教师承接研发创新类等高质量真实市场项目,通过相应的教学设计(如学分、教学安排、课程考核等)赋予其课程要素,从而转换为课程。教师带领学生承接真实的市场项目,接受市场评价,产生经济与社会效益。在此过程中,教师的实践教学能力得以显著提高,逐步向"双师型"教师队伍转型。学生通过岗位任务从合格的入职者变成优秀的入职者,实现从"做成"到"做好",直接实现高质量充分就业。

其五,建立优秀本科生荣誉体系。为引领学生积极进取、全面发展,持续提升学生德智体美劳综合素养,进而激励学生追求卓越、奋发向上,营造"逢一必争,逢金必夺"的优良校园氛围,学校以德智体美劳全面发展为导向重构本科生荣誉体系,促进学生成长成才。一方面,学校表彰在学习、创新创业等方面表现突出的学生。他们或项目成果获企业采纳,实现高质量充分就业目标;或创新创业能力强,勇启创业征程;或勤奋好学,有一定学术成果。学校为他们颁发"全能英才奖""创新创业奖""学业卓越奖",激发学生的内在潜能和创新精神,促进学生更加积极主动地投入到学习和实践中,不断挑战自我,追求更高的目标。另一方面,学校表彰积极参与学校产教融合工作并做出努力和贡献的优秀毕业生。他们或积极牵线搭桥,为学校与企业搭建合作桥梁,不断拓展合作渠道;或参与学校课程设计,将企业实际需求与行业最新动态有机融入教学内容,助力学校构建贴合市场需求的人才培养模式;或为在校生创造大量实习与实践机会,促使学生在实践中茁壮成长。学校为他们颁发"杰出校友奖",对其做出的贡献和取得的成就给予充分肯定。同时,学校激励在校学生努力提升自己,力争成长为创新引领型人才。

黄河科技学院"2＋1＋1"产教融合型课程体系不同于传统学科逻辑下的本科人才培养体系,也不同于当前很多应用型大学倡导的校企合作的本科人才培养体系。三种人才培养体系对比分析见图2。传统高校人才培养体系根植于学科逻辑,偏重知识传授,为学生筑牢坚实的理论基础。然而,在对接企业实际工作所需的应用技能培养方面却极为薄弱,使得传统本科教育的毕业生大多呈现出"眼高手低"的特点,必须经过培训期后才能适应岗位任务要求。在知识匮乏、缺乏信息技术传播知识的时代,这种培养方式是大学的不二选择。但在信息技术时代,知识可以泛在索取,这种人才培养体系已经不能再作为任何大学人才培养的基本方式。

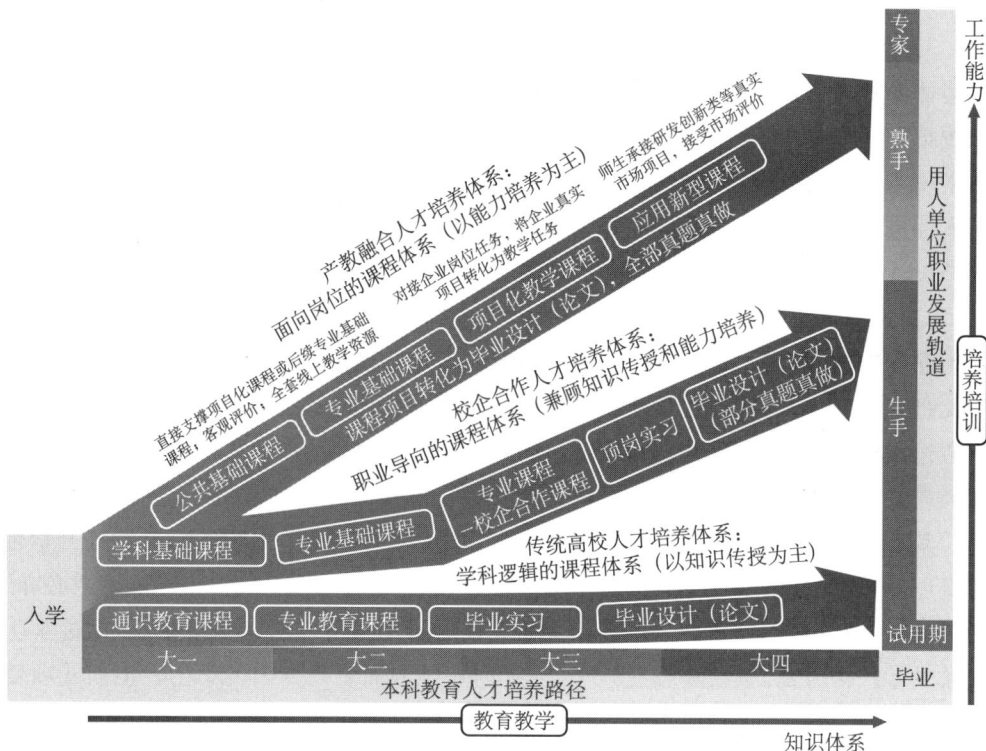

图 2　三种人才培养体系对比分析

校企合作人才培养体系以职业为导向,设置校企合作课程、顶岗实习及毕业论文真题真做等实践类课程和环节,既注重知识传授,又兼顾能力培养,尤其强调实践与应用,对提高学生实践能力和职业技能有较大帮助,但是也存在四方面的主要问题:一是课程体系内容衔接度不够。校企合作课程与前端的基础课程以及与企业真实岗位要求之间都缺乏有效衔接,导致课程体系连贯性欠佳,人才培养与市场需求不匹配。

二是师资队伍实践应用能力不足。教师因缺乏行业经验与企业实践经验，难以有效解决企业实际问题。三是校企合作课程个性化程度不高。课程多由企业研发，雷同性强，与学校办学特色联系不紧密，无法满足学生的个性化发展需要和市场的多样化需求。四是校企合作课程覆盖领域不广泛。合作项目往往依托"订单式"人才培养开设，局限于企业所需的特定岗位，未能全面覆盖专业面向的所有岗位。

我校的产教融合人才培养体系，从锚定岗位需求出发，重新梳理了人才培养的学习逻辑。在未来的人才培养中，一旦产业中的工程师和学校的教师都具备课程领导力，便能够突破产业和学校的界限，随时将岗位的需求转化为培养的课程。届时，学校将成为任何产业人才随时获取学习机会的场所，也将成为产业孕育未来科技产品的场所。

二、强化支持保障，全面推进综合改革

人才培养体系改革是牵一发而动全身的系统工程，外部需要全社会方方面面的配合与支持，内部也涉及体制机制、数字化平台、课程建设、教学质量评价与持续改进等全要素多维度的支撑和保障。为此，学校主要从以下几方面进行了衔接配套改革。

其一，自主研发数字化平台，实现评价与建设全流程智能化。搭建集智能管理、智慧教学、数智评价于一体的课程建设数字化平台，统筹全校课程资源，对外实现各高校课程资源共建共享，对内实现课程数据与教师数据、学生数据互联互通，协同推进课程建设与评价、学生服务和师资培养；构建基于质量标准、全量化采集、大模型分析的智能化课程评价支持体系，通过统一规划、统一建设、统一管理、统一评价，优化课程结构、明确课程规格、分析课程目标达成度、智能化提供课程画像、过程性规范课程准入与退出，保障一流应用型课程的优质、高效、充足供给。

其二，评价牵引，推进课程高质量建设。学校与国家教育行政学院共同研创课程评价指标体系。分类研创教学设计、教学实施、教学产出评价标准，重点关注课程知识建模的完整性、教学活动目标与任务的一致性、师生交互过程的有效性、教学评价的客观性。聚焦教学设计、教学实施、教学产出三个关键环节，实现课程评估精准化。一是聚焦教学设计。考察 OBE 理念在每个任务和活动设计中的体现，强调选取活动的目标、交互、成果及评价标准的一致性，课程知识建模的完整性等。二是聚焦教学实施。评价教学过程与教学设计的一致性，重点考查学生是否进行高阶思考、是否积极参与各项学习活动、知识能力是否达到预期目标。三是聚焦教学产出。将课程考核评价标准、企业评价标准、企业采纳证明等纳入课程成果重点考察，将教师教学能力提升、课改论文发表等作为教师成果进行评价，将学生考核结果、学生作品、创作等作为学生成果重点考察评价。学校充分利用大数据技术，将日常教学动态数据与专家评估相结

合,建立线上线下相互支持,专业、学部、学校三级进阶式评价机制,实现常态化全覆盖"课程＋教师团队"评价。通过线上审阅课程资源和评审材料、深入课堂随机听课、组织课程答辩汇报、强化反馈改进四步骤,构建评价闭环,促进课程评价"反哺"课堂教学,推动全部课程锻优提质。评价结果打破职称定课酬惯例,实行优课优酬,最高给予5倍工作量奖励。

其三,深化体制机制改革,推动教学改革落地生根。学校充分利用体制机制灵活、行动决策迅速等优势,深入开展"大部制""学部制"体制机制改革,推动高校与产业、行业、企业资源共享、深度融合、协同发力、共同育人。在职能部门推行"大部制"改革,通过整合13个处级单位,成立教师中心、教育教学中心、学生中心三大中心,以及思政工作部、科技发展部、资源保障部等五个大部,提高职能部门服务教育教学工作的效能度和协同性。在教学单位积极推动"学部制"改革,打破原有的"校—院—系—教研室"多层级结构,将12个学院整合为工学部、艺体学部、商学部、医学部四个学部,依据专业集群下设科教中心,赋予其资源配置的自主权力。通过体制机制改革,充分汇聚学科、专业、师资、平台等各类优势资源,实现了以下三方面的提升。一是教师中心的成立,为教师提供了更专业的发展平台。鼓励教师深入企业实践,提升实践教学能力与专业素养,提供更多职业发展机会和激励机制,打造高素质、专业化、创新型教师队伍。二是教育教学中心的成立,有利于整合教育教学资源,推动产教深度融合。通过搭建教学平台,教师与企业专家共同设计与实施课程、共同制定并修订人才培养方案,促使专业设置紧密贴合产业需求,大幅提升专业与市场对接的精准度与紧密性。同时,引导教师将行业最新动态和技术及时引入课堂,促进教学方法创新,增强教学的针对性和实效性,为培养具有扎实专业知识和较强实践能力的应用型人才筑牢坚实基础。三是学生中心的成立,为学生提供了更多实践机会和职业发展指导。开展职业规划、职业咨询服务、优秀本科生表彰以及行业专家和成功校友经验分享等丰富多彩的活动,为学生在职业选择和发展中遇到的困惑提供个性化指导和建议,进而提升学生的就业竞争力和职业适应能力。

三、发挥改革效能,凸显人才培养成效

学校始终秉持"办一所对学生最负责任的大学"的办学愿景,全心全意为教师服务,全心全意为学生服务,人才培养新体系改革得到广大师生的高度认可和肯定。

学校采用调查问卷、访谈等多种形式开展了教育教学改革后的师生满意度调查。结果显示,总满意度高于98%。教师董菲菲分享村庄规划授课感悟时谈道:"当学生真正成为课堂的主人时,他们便不再是学习的被动承受者,而是积极投身于教学活动之中,化身为学习的主动探索者与协同合作者。他们的学习热情空前高涨,思维也更加活跃。"教师杨颖分享道:"投身于学校课程改革实践,我深切认识到,卓越的教学绝

非因循守旧,而在于大胆创新、勇于实践。身为一线教育工作者,我们不只是知识的传播者,更是变革的推进者。课改给予我宽广的舞台,使我能尝试新教学理念与方法。我将项目化、合作学习等理念融入课堂,激发学生兴趣与创造力,实现师生平等互动、共同发展。"学生崔锴洁分享了自己在服装与品牌设计课程中的体验:"在这门课程里,同学们模拟不同岗位,大家分工协作,展现出极强的团队协作精神和学习热情,我能深切地感受到有一股强大的力量推动着我在交叉创新的道路上不断向前。"学生司双颖谈道:"项目化教学课程风景园林规划与设计具有很强的实践性、应用性和挑战性。在一次次的项目构思与创作过程中,我被激发出全身心投入学习的热情,对这门课程产生了浓厚的兴趣。特别是当自己设计的园林方案被采纳并且最终得以建成的时候,之前所有的辛苦付出都转化为满满的成就感,那种激动和自豪难以用言语来表达,感觉所有的努力都是非常值得的!"

回顾 6 年的改革历程,学校聚焦人才培养模式改革、课程体系构建、课程开发、课程设计以及课程评价等关键环节,先后召开了主管教学部(院)长、科教中心主任、骨干教师等不同层面人员参与的研讨会 300 余场,投入 3000 余万元用于 1300 多门课程的建设。在此过程中,教师们对于人才培养模式改革理念、思路及步骤等有了更清晰、更深刻的认知。在全体师生的充分认可与深度参与下,全校上下已然凝聚起改革共识,产教融合持续走向深入,教师队伍的能力得到显著提升,人才培养与行业企业岗位需求的对接愈发紧密,课程教学质量有了明显提升。改革成果受到省内外高校和社会的广泛关注,130 余所高校、240 余家企事业单位等到校交流;受邀在中国高等教育学会、国家教育行政学院等举办的院校研究高端论坛,郑州大学、成都大学等高校做主题报告 28 次;成果在第 61 届、第 62 届中国高等教育博览会上展出,获得省内外高校教学管理人员和一线教师的高度好评;办学成效被中央电视台《新闻联播》、新华社、《光明日报》《中国教育报》等广泛报道。

斗转星移,岁月如梭,黄河科技学院在时光的长河中稳健前行。2024 年 5 月,学校迎来了辉煌的四十华诞。值此之际,我们集结学校人才培养新体系改革成果,分专业出版"应用型高校本科专业产教融合型课程体系改革与实践"系列图书,为应用型高校深化教育教学改革、创新人才培养模式、优化课堂教学方式方法、开展常态化课程评价、全面提升育人水平提供有效借鉴和参考。这一本本沉甸甸的册子,凝聚着全校教师在课改历程中的智慧与汗水,折射出全体教师的睿智与灵性,更满溢着全体教师"以学生为中心"的教育理想与不懈追求。

此举,一为抚今追昔,以文字铭刻学校波澜壮阔的发展历程,为辉煌历史留存厚重见证;二为激励莘莘学子奋发图强,在知识的海洋中砥砺前行,以拼搏之姿努力成才,为未来铸就璀璨华章;三为鼓舞吾辈同人不忘初心,励精图治,以昂扬斗志勇攀高峰,在教育的新征程上再创佳绩,为国家培养更多栋梁之材,为时代书写更壮丽的教育诗篇。

回顾往昔,那些奋斗的足迹、拼搏的身影,皆是前行的动力源泉。展望未来,我们深感责任重大、使命光荣。我们定会牢记为党育人、为国育才的初心使命,不负重托,与时俱进,努力谱写无愧于前人、无负于时代的璀璨新篇章。

黄河科技学院执行董事、校长

杨保成

2024 年 10 月 16 日

　　人生百年,立于幼学。学前教育是基础教育的基础,是为幼儿健康快乐成长提供基础保障、为终身发展奠基的教育,是每个儿童接受集体教育的起点,是每个人终身学习的开端,更是国民教育体系的重要组成部分。进入新时代,人民群众对优质教育的需求不断提升,实现幼有所育,成为满足人民群众日益增长的优质教育需求的重要举措。人民对美好生活的向往就是我们的奋斗目标,学前教育是人民群众对教育的获得感和幸福感的起点。为了让每个幼儿都能健康成长,让每个幼儿都能绽放光彩,国家将千家万户最关心的学前教育发展视为一项基础工程,下大力气、用真功夫,致力于提升人民群众对学前教育的获得感和幸福感。

　　长期以来,尤其是党的十八大以来,我国不断出台学前教育相关政策与文件:《国务院关于当前发展学前教育的若干意见》(国发〔2010〕41 号)、《教育部等四部门关于实施第三期学前教育行动计划的意见》(教基〔2017〕3 号)、《中共中央　国务院关于学前教育深化改革规范发展的若干意见》(2018 年)、《教育部关于大力推进幼儿园与小学科学衔接的指导意见》(教基〔2021〕4 号)、《教育部等九部门关于印发〈"十四五"学前教育发展提升行动计划〉和〈"十四五"县域普通高中发展提升行动计划〉的通知》(教基〔2021〕8 号)、《教育部关于印发〈幼儿园保育教育质量评估指南〉的通知》(教基〔2022〕1 号)。在相关政策的推动下,我国逐步形成了完善的学前教育管理体制、办园体制和政策保障体系,为学龄前儿童能够享受更加充裕、更加普惠、更加优质的学前教育提供了根本保障。办好学前教育、实现幼有所育,是党的十九大做出的重大决策部署。党的二十大报告再次强调,要坚持以人民为中心发展教育的理念,加快建设高质量教育体系,强化学前教育的普惠发展,这就为聚焦"普惠优质",推动学前教育实现高质量发展指明了方向,并提供了政策依据和实践指导。当前,把实现学前教育普及、普惠、安全、优质发展作为提高普惠性公共服务水平、扎实推进共同富裕的重大任务,全面贯彻党的教育方针,落实立德树人的根本任务,遵循学前教育的规律,努力满足人民群众"幼有所育"的美好期盼,为培养德智体美劳全面发展的社会主义建设者和接班人奠定坚实的基础,已经成为全社会的共识。

"普惠优质"是学前教育实现高质量发展的时代强音,其中关键因素之一是教师。教师,是教育发展的第一资源,是教育事业发展的根本。建设一支高素质、善保教的创新型幼儿园教师队伍,是新时期学前教育优质发展的根本保障。优秀的教师队伍是提升学前教育质量的关键,也是实现教育均衡发展的基石。我们虽然在普及学前教育方面做出了努力,但在确保教育的普惠性方面仍面临挑战,其中师资的培养是重中之重,是改革不断深入的关键所在。

黄河科技学院学前教育专业始终将提升学前教育人才培养质量、培育优秀学前教育教师作为专业建设和课程改革的核心任务,紧跟时代发展的步伐,积极响应学校推进产教融合型课程体系的实践与探索,不断为学前教师教育质量注入新的活力。产教融合是现代技术技能型人才培养的基本特征,也是其最大的优势。产教融合必须是相互满足合理需求的"双向奔赴"。《关于深化现代职业教育体系建设改革的意见》(2022年)明确将构建产教融合共同体作为现代职业教育体系建设的战略任务,随之而来的是市域产教联合体、产教融合型企业、产业学院等具体实体的相继兴起。国家发展改革委等八部门联合印发《职业教育产教融合赋能提升行动实施方案(2023—2025年)》(2023年),提出不断延伸教育链、服务产业链、支撑供应链、打造人才链、提升价值链。为了破解产教融合体制机制不畅、用人单位参与动力不足、产教融合深度不够、人才培养供需矛盾突出等问题,积极营造良好的政、校、园、企、社教育生态,学前教育专业与数十所省级示范公办幼儿园及高品质幼教集团深度合作,在专业建设、课程改革、教学改革等方面持续发力、精准用力,久久为功,终有所成。

工作情况的变化也是学前教育课程改革的重要出发点,许多工作任务已从程序化作业转变为项目化作业,学前教育教师的工作同样如此。因此,课程改革在此方向上持续发力。经过近年来的探索,已经逐步形成了实践出课程、园校共开发、课堂有活力、学生好成长的良性循环。本书的出版正是学前教育在此领域探索的阶段性成果。全书在进行岗位群调查的基础上,明确了人才培养的整体目标,在简要说明专业发展历程的基础上,对学前教育专业课程体系进行了分析,不仅覆盖了初始职位群,还对发展职位群进行了调研,充分明确了实际岗位所需的知识、能力和素养要求,最终确定人才培养方案。在具体课程内容方面,本书详细展示了两门专业基础课和两门专业课的知识建模图、教案、教学设计,力求使其成为可见、可知、可用的实践性强的教学产品。

总之,本书作为学校整体课程改革的一个典范,是学校产教融合型课程体系的组成部分。在编写过程中,我们力求充分体现学前教育的特色,旨在推动课程改革,提升教学质量,并阶梯化地提高学前教育人才培养的水平。本书不仅适用于学前教育专业人才培养,也可供对学前教育专业有兴趣的社会人士参阅。

本书主编长期致力于学前教育一线的教育教学与管理的研究并积累了丰富的幼儿园实践指导经验,编写团队的成员对学前教育有着丰富的研究经验,李萍、杨颖、兰昕、孙锐丽、张龙、田英月、杨丹、宋佳、焦军宁、张雨、翟天园等参与编写，全书由李萍组织编写并负责统稿。感谢国家教育行政学院刘亚荣教授对书稿及框架的指导！感谢河南省实验幼儿园、郑州市高新区第一幼儿园、郑州市管城区花溪路幼儿园、北京本一教育有限公司提供的丰富实践素材。

　　由于时间和水平所限，本书难免存在不完美之处，敬请读者在实践运用的基础上提出意见和建议，以臻完善。

本书编写组

2024 年 8 月

目 录

第一章

学前教育专业概况

第一节　专业发展历程

学前教育专业是黄河科技学院职业技术学院重点发展的优势特色专业,发展历程如下:1997年开设三年制普通中专;2001年开设五年一贯制大专;2015年开设三年制普通专科;2016年开设四年制普通本科;2019年开设专升本,本科面向全国招生。目前,学前教育专业以本科为主体,是学院的重点发展专业,起步早、发展快、实力强。自1997年以来,该专业已经培养了27届毕业生,累计超过5 000人。多年来,该专业的毕业率和就业率均保持在98%以上。毕业生社会声誉较好,用人单位满意度较高。

学前教育专业2019年被郑州市批准为幼儿保育专业"现代学徒制"试点单位;2022年被教育部批准为师范生免试认定中小学教师资格单位;2022年与河南省实验幼儿园共建的大学生校外实践基地被河南省教育厅认定为"黄河科技学院新文科大学生校外实践教育基地";2023年获批郑州市保育员认证培训基地资格。2024年权威专家武书连教授对全国民办教育类进行排名,认为学前教育专业在全国民办教育类排名为A++。学前教育专业先后与河南省实验幼儿园、郑州市管城回族区花溪路幼儿园、新加坡PCF公立幼儿园等100余所幼儿园、托育机构合作建立长期稳定的教育实践、就业基地,搭建产教融合、协同育人平台,实现职前职后一体化培养模式。

一、专业发展概述

学前教育专业持续创新"本科学历教育与职业技能培养相结合"的应用型人才培养模式,以OBE理念为指导,以学前教育人才市场需求为导向,以学生发展为中心,以多层次、多渠道、高质量地培养应用型学前教育师资作为专业建设的核心内容,不断提高教育教学质量。在此基础上,制定本专业主干课程标准,进行课程整体教学的优化设计。学前教育专业积极构建"全方位、多层次、宽领域"的专业建设新格局,不断深化教育教学改革,积极推进数字化转型,强力实施项目化教学改革,取得了突出的成效。

专业强化教学管理,建立了"制度管理、制度约束、制度激励、制度成就"的保障机制。制定了学前教育专业见习、实习、研习管理制度，毕业论文设计管理制度，考试管理制度等。同时，成立了专业教研室，深层次拓展学科建设。在课程与教材建设方面，不断开发专业性、应用性、实践性较强的新课程与新教材。针对学前专业的实习需求，逐步建成了一批稳定的教育见习、实习基地，包括北京中国儿童中心、河南省实验幼儿园、河南省军区幼儿园、郑州市高新技术产业开发区第一幼儿园等100余所省级公办优质幼儿园，为学生见习、实习、研习及就业奠定坚实的基础。校内建有专用的钢琴房、舞蹈房、古筝实训室、美工实训室、少儿礼仪教室、幼儿保育实训室及多媒体实验室和微格教室等实验实训室，确保每个学生有足够的资源来提高专业技能。特别是该专业通过项目化教学改革的实施与推进，使学生理论水平更加扎实，实践能力得到了大幅提升，毕业生就业辐射国内外托幼机构，就业情况良好。

二、专业发展内容

（一）目标建设——培养学生具有六种能力

学前教育专业培养目标是应用型人才，其特色在于重点培养学生的六种核心能力，这六种能力包括：①具有组织综合教育活动的素质与能力；②具有艺术素质与能力；③具有科研素质与能力；④具有管理素质与能力；⑤具有信息素养和现代教育技术的运用能力；⑥具有国际观念与借鉴国外幼儿教育先进经验的能力。在此基础上，形成一专多能的多元化高素质学前教育人才培养规格，以满足幼教事业发展对人才的多方面需求，使学前教育专业的毕业生成为具备应用型、双语型、艺术型、双师型、现代型五类特色的复合应用型人才。

（二）课程设置——"公共和专业基础课程＋项目化教学课程＋应用型课程"

建设以强化专业技能为主的"学前教育理论＋专业技能＋综合能力"理论与实践结合的特色课程体系，把学前教育理论类课程、技能课程和艺术课程有效地融合起来，推行"2＋1＋1"产教融合型课程体系，即前两年夯实公共基础课程和专业基础课程，第三年开设项目化教学课程，第四年通过开设应用型课程培养综合实践能力，使学生从"见过""做过"到"做成""做好"，四年一贯抓好综合素质、职业能力和专业技能的培养。

（三）考核评价——专业考核有目标有验收

学前教育专业技能达标考核是本专业培养目标的重要组成部分，是学生作为合格的学前教育工作者的必备条件。为此，学校制定了《学前教育专业学生专业技能达标考核方案》，规定了学生要达到的专业技能，使学生具有合格学前教育工作者必备的专业技能和基本功，为以后的工作打下坚实的基础。

（四）学生发展——每个学生都有一技之长

根据培养目标，本专业强化学生专业技能培养，使每个学生都有一技之长。

（1）"引路子"，将学生的学习效果与成才就业结合起来，增强学生学习的方向性、主动性；

（2）"考本子"，着力培养一专多能型人才，缩短学校与社会的距离，实行多证书制度，结合专业课的教学，组织学生考取相应的技能等级证书（如钢琴弹奏、弹唱等级测试，舞蹈、声乐等级测试等）和国家职业资格考试；

（3）"搭台子"，千方百计为学生搭建各种实践舞台，为学生的特长发展和素质锻炼提供机会，如积极组织学生参加社会各类别与本专业相关的比赛活动、社会实践等。

（五）教师队伍建设——多渠道助力教师成长

学前教育专业制订了"教师发展五年规划"，落实了教师培养和培训的相关政策，实施"青年教师教学实践能力发展计划"，开展教育"十个一"活动。同时，开辟多种形式的教师进修渠道，鼓励教师参加国内外各种学术活动，搭建学历提升、访学平台，努力建设一支政治思想素质高、热爱师范教育、学科配套齐全、年龄结构合理并具有较高学术理论水平和科研能力的师资队伍。

三、专业发展方法和路径

（一）加强产教融合，重塑课程结构

依托黄河科技学院项目化教学课程改革要求和评价标准，学院对学前教育专业原有人才培养方案中的课程，以"2＋1＋1"新模式进行了全新的体系构建。新的课程体系遵循 OBE 教育理念体现了产教深度融合。根据托幼机构的实际岗位任务需求，创设项目化教学体系，全面梳理项目化教学所需要的知识、技能和素养。通过对课程内容的删减、新增与合并等，建设新的专业基础课、公共基础课，全面重塑产教融合课程体系，使学生在毕业时就能较好地适应工作岗位的要求，真正得到企业的认可和欢迎。

（二）对接岗位需求，推进项目化教学

专业以 OBE 教育理念为导向，以托幼机构的岗位任务和实践需求为出发点，倒推学前教育专业课程设计。项目化教学的实施是使项目任务紧密对接托幼机构不同的岗位任务，以实际任务为载体，师生共同完成完整的项目任务而进行的教育教学活动。其目的是提高学生的幼儿园教育教学实践技能，培养学生独立分析问题和解决问题的能力，为毕业后高质量地就业做好充分的准备。

（三）落实四个抓手，强化教师素养

通过"四抓"提升队伍的业务水平。一是"抓培训"，积极申请上级培训计划，开展学历提升，与国外知名大学联合办学，鼓励教师攻读博士学位；加强企业实训，加大教师对外交流与培训的力度。二是"抓引进"，继续引进高层次双师型教师、学科带头人和具有教学经验的柔性人才参与教学和管理。三是"抓活动"，开展"名师·优课"活

动,鼓励教师争创省市级名师。四是"抓成效",鼓励教师积极参加各种竞赛,健全教、科、研激励机制及成果转化机制。

(四)结合专业发展,编撰专业教材

结合项目化教学课程体系改革要求和学前教育专业发展的需要,激励任课教师对所教课程进行改革,推出适合本校发展和本校特色的教材,使学生愿学、教师易教,本专业每年编写课程改革校本教材 2～5 本。通过院内外合作等形式,编写较高水平、有特色的教材,形成适合专业教学实际的高质量教材体系。本专业已先后开发了 3～5 册(套)有特色的学前教育理论丛书和校本教材。

(五)数字化赋能测试,创建专业题库

利用学校数字化平台——"学习中心"和"翻转校园",激励任课教师积极结合课程和学生专业发展需要建立课程资源与题库。经过对数字化平台的不断改进和完善,形成有特色的资源建设与专业题库,从而构建学前教育专业的课程题库,实现教考分离,形成客观、科学的评价体系。

(六)加强教育实践,建设实践教学体系

依托 OBE 理念,紧密对接市场需求,遵循"从任务到能力再到知识"的逻辑,从企业的一线岗位任务出发,创设实践教学体系,全面梳理实践教学所需要的知识、技能和素养,创新"四步走、四进入"的教育实践新模式,构建了"见习—实习—研习"一体化的教育实践体系,加强学生实践技能的培养。

(七)加强访企拓岗,提升就业质量

为了深化"校·园"双方合作,进一步推动我校产学研的紧密融合,我们聚焦于强化学前教育专业毕业生的综合素质和专业技能培养,建设校企协同发展、上下联动、服务精准、管理科学的高质量就业工作体系。专业教师和学生经常走出学校,深入企业,开展"访企拓岗"活动。迄今为止,已先后走访了北京、深圳、广州等国内优质幼儿园 20～30 家,在了解行业需求的同时,积极争取工作岗位,提高专业和岗位的匹配度,从而提高学生的就业质量。

第二节　专业现状

一、专业的现状分析

"高科技、高效能、高质量"已成为教育现代化的内涵要求。面对百年未有之大变局,面向 2035 年更高水平的育人目标,时代呼唤中国教育界大规模孕育并孵化出"新质学校",以此推动工业文明向智能文明转型,实现从教育大国到教育强国的整体性跃升和根本性变革。当前,中国人口结构正发生着深刻的变化,这一变化将对教育产生

系统性和结构性的影响,高质量、小班化、个性化、多样化、创新化已成为学前教育发展的必然趋势。

2019 年 2 月 23 日,中共中央、国务院印发《中国教育现代化 2035》,在推进教育现代化的总体目标中明确指出,要"普及有质量的学前教育"。2021 年,教育部等九部门印发的《"十四五"学前教育发展提升行动计划》提出,"普及普惠安全是基础",并注重幼儿教师的培养与发展。2023 年,《中华人民共和国学前教育法(草案)》的颁布,为学前教育指明了更加规范化和高质量发展的路径。因此,高质量教师的培养与引进,无疑成了推动学前教育高质量发展的关键因素。在新时代背景下,国家与政府高度重视学前教育事业的发展,学前教育学专业学生正面临着发展的大好机遇。

(一)专业的教育现状分析

第一,以"两性一度"金课为导向,实现教学的两个重要转变。学前教育专业课程体系的改革以"高阶性""创新性"和"挑战度"为主要导向,力求通过深化知识、能力和素养的有机融合,提高学生解决复杂问题的综合能力,并培养其高阶思维。保障课程内容的前沿性和时代性,体现教学形式的先进性和互动性,力求在学生的学习过程中达到深入探究和个性发展的目标。

第二,挖掘课程中思政教育元素,逐步深化课程思政建设。在本专业各门课程的实施环节中,坚持与思政教育相结合,将思想政治教育融入知识的传授、经验的分享和实践活动中,做到"门门课程有思政、教师人人讲育人",使所有教师都负有育人职责,所有课程都有育人功能。将传统文化、爱国情怀、奋斗精神、政治观点、中国故事等元素融入课程内容中。

第三,围绕"产教融合",实行"2+1+1"(基础+实践+应用)人才培养模式。入学前两年聚焦学生"基本能力"的养成,设置基础性课程,夯实学前教育专业基础理论素养,以期每名学生都能具有良好的思想品德和较高的身体素质,提升自身的数字素养,具有先进的教育理念,使其德、智、体、美、劳全面发展。第三年对接托幼机构岗位任务和真实项目,设置具有实践性和创新性的项目化教学课程。第四年是应用阶段,设置应用型课程,教师带领学生深入合作的幼儿园,进行深入实践和学习。通过"2+1+1"四年的课程学习,使学生从"见过""做过"慢慢到"做成""做好",毕业即能更好地就业。

第四,以"项目化教学"改革为抓手,增强课程设置的灵活性和实践性。学前教育专业以项目化为抓手,开展课程改革,优化专业基础必修课,拓宽选修课,创新实践课。本专业将幼儿园一日流程、幼儿园保育实践、音乐教学实践、幼儿园游戏等课程作为专业项目化改革重点建设课程,进一步深化园校一体化,加强学生理论与实践的有机结合,提升学生的保教实践能力。本专业设置了 10 多门选修课,满足不同学生的个性和智能发展,并建立与专业培养目标相适应的实践教学体系,将集中与分散见习、顶岗实习相结合,加入拓展训练模块,从而提高学生的教育教学能力。

第五,优化实践教学体系,增加教育实践内容。确保教育见习、实习和研习的时间,丰富教育实践活动,将规定教育实践环节与自主实践环节有机地结合起来。将学生到幼儿园教学工作实习、幼儿园班级管理实习、幼儿园保育实习等不同实习重点结合起来,使各层级实习内容相互补充,从而提高学生的综合实践能力。与此同时,教师亦注重加强实践实训指导,学校为学生配备指导教师,并定期进行考核和评价,实行专业规划和引领。此外,邀请教育专家和幼儿园一线教师与学生进行面对面的零距离沟通交流。

第六,重视课程实施质量,建立有效的课程设置评估体系。对课程实施质量进行科学评价,有利于提升学前教育专业的课程设置水平。目前,已经逐步建立以评估专家为主、企事业单位为辅的学前教育专业课程设置评估主体。具体实施步骤如下:首先,根据评估指标体系,从学前教育专业课程设置方面进行材料的收集和调查;其次,对获得的信息进行整理分析,对照评价指标进行分析,确立评估等级;最后,通过课程设置评估,增加课程设置的社会适应能力,使学前教育专业能够更好地配置教育资源,为学前教育的人才培养服务。

(二)专业的就业现状分析

多举措促进毕业生高质量就业。近年来,学院始终秉持"以生为本"的理念,不断完善毕业生就业工作的制度措施,主要从以下三个方面不断进行优化。第一,坚持全员参与。领导高度重视、部门协调配合、教师全程指导、校友结对帮扶关注就业等相关举措,构建高效有序的就业创业工作网络。同时开展了毕业论文指导教师一对多的帮扶行动,旨在从获取相关就业信息、掌握就业面试技巧等方面,为学生提供有针对性的指导和帮助。第二,坚持全程指导,依托开设相关课程,创立创新创业训练营等举措。通过对学生进行全程就业创业指导、对就业创业队伍进行全程培训、对就业创业工作进行全程考核等途径,发挥各环节工作的有效作用。第三,坚持全面服务。通过开展就业市场调研、搭建就业供需平台、重视特殊群体的全面服务等途径,促进学生更高质量就业。在全员的共同努力下,黄河科技学院的就业创业指导服务体系健全,毕业生就业质量稳步提升,就业创业教育成效显著,并正着力探索建立"实习—就业"双轮驱动机制,持续推动毕业生就业工作稳步向前发展。

本专业毕业生实现了高质量就业目标,获得用人单位的好评。数据统计显示,学前教育专业毕业生教师资格考试通过率在95%以上;学前教育专业毕业生历年来就业率较高。从目前统计的数据来看,本专业毕业生毕业后从事教育工作的人数占全体毕业生的90%以上,学生毕业后从教意愿较为强烈。近年来,绝大多数毕业生成为幼儿园正式教师,他们的工作与专业相关度均超过89%。此外,连续三届毕业生职业期待吻合度均超过80%,工作满意度均超过88%,就业后离职率均在10%以下。通过对用人单位座谈反馈及毕业生同行评价等信息的分析,本专业毕业生从教情况良好,用人单位总体评价较好。

（三）专业的发展前景

1. 国家的新政策为专业建设指明了方向

近年来，国家高度重视学前教育事业的发展，2018 年 11 月 28 日印发《中共中央 国务院关于学前教育深化改革规范发展的若干意见》，充分体现了以习近平同志为核心的党中央对学前教育工作的高度重视，其中明确指出要提高教师素质，健全幼儿园教师培养体系，办好幼儿师范院校，"扩大有质量教师供给"。2019 年 2 月 23 日，中共中央、国务院印发《中国教育现代化 2035》，在推进教育现代化的总体目标中明确指出要"普及有质量的学前教育"。2021 年，教育部等九部门印发的《"十四五"学前教育发展提升行动计划》明确提出，"普及普惠安全"是基础，注重幼儿园教师的培养与发展。因此，大批学前教育专业人才的培养是提高学前教育质量的关键，更是推动学前教育事业发展的重要因素。国家与政府高度重视学前教育事业的发展，学前教育学专业学生正面临着发展的大好机遇。

2. 学校的人才培养模式为专业发展奠定了坚实的基础

黄河科技学院办学二十余年，一直践行"本科学历教育与职业技能培养相结合"的人才培养模式，以学前教育人才市场需求为导向，以就业能力和职业能力发展为核心，以多层次、多渠道、高质量培养应用型学前教育师资作为专业建设的核心内容，并在此基础上制定本专业的主干课程标准，进行课程整体教学的优化设计。

3. 学校政策的支持为专业建设提供了强大的动力

学校各部门领导高度重视学前教育专业建设，出台了一系列政策文件，在学前教育师资培训、人才引进、课程建设、专业设置等方面给予了政策上的保障。财务部门设立了专项经费，为专业实训室、图书资料、软件设施等提供充足的经费保障。校教育教学中心加大了教学改革力度，积极聘请国内外名师团队开办教学工作坊，旨在更新教师的教育教学理念，创新教学方法。同时，鼓励教师参加学术会议、教材编写，调动了教师参与教育教学建设的积极性，为专业教学质量的提高奠定了坚实的基础。此外，学校信息技术部门为教学方法革新提供了技术支持和保障。

4. 在科学实践探索中形成了独具特色的育人理念

秉承我校"为国分忧，为民解愁，为社会主义现代化建设服务"的办学宗旨，学前教育专业在多年探索实践中确立了"校企合作、双师共育、知行合一、无缝对接"的育人模式，发展了百余所实践基地。通过实施"优化专业基础课、深化项目化教学改革"的路径，做到教对学生有用的知识，学对职业有用的技能，形成了"多主体、多形式、多渠道"的监控机制，建立了科学完善的保障机制，在实践探索中逐渐形成了先进且有特色的专业发展之路。

二、专业师资情况

学前教育专业师资队伍力量雄厚,有专任教师 62 人,其中具有博士学位教师 10 人(占比 16.1%),硕士学位教师 41 人(占比 66%),行业名师 11 人(占比 17.7%);教授 5 人、副教授 25 人(占比 48%);"双师型"教师 35 人(占比 56.4%)。教师师资队伍年龄、职称、学历结构合理,整体师资队伍发展态势良好,能够满足教学要求和人才培养质量要求。近年来学前教育专业致力于建设一支专业技术能力过硬、实践教学能力较强、信息应用技术熟练、教学研究能力出众的师资队伍;提升引进专家型的教师比例,提高现有教师的双师素养;其中 10 名博士教师背景均为 985 大学教育学科,还有博士后 2 名、博士生导师 3 名、国家级师范类专业认证专家 1 名、师范类专业教师资格证题库命题专家 3 名、郑州学术技术带头人 2 名,成立了 3 个郑州市技能大师工作室。

黄河科技学院学前教育专业对标学校是郑州师范学院教育科学学院学前教育专业。该学院的学前教育专业是河南省一流专业和特色专业。在我院学前教育专业建设中,与郑州师范学院学前教育专业密切对接,与该专业的主要负责人贺常平教授和范国锋博士进行了深入的沟通和合作,全程参与黄河科技学院学前教育专业人才培养方案和教学大纲的制定和完善,同时邀请河南大学、河南师范大学的学前教育专家及校企合作的河南省实验幼儿园、省军区幼儿园等深度参与本院人才培养及教育实践的过程指导。

三、专业发展方向定位

(一)专业培养目标的定位

1. 培养目标定位

本专业立足郑州、面向河南、辐射全国,致力于培养具有良好职业修养、科学专业理念、扎实专业知识、较强专业能力,能在各类学前教育机构胜任保教、研究和管理的应用型学前教育专业人才,使学生毕业后五年左右能够成为幼儿园的骨干教师。

2. 培养目标具体要求

(1)素质要求:掌握马克思主义基本原理,具备较高的政治觉悟,具有辩证思维能力;热爱社会主义,拥护中国共产党的领导,具有正确的世界观、人生观和价值观;热爱学前教育事业,为人师表,具备良好的教师素养和团队合作意识;具备高尚的思想道德品质,严格遵守职业道德伦理规范,有较强的法律意识,讲诚信,有社会责任感;具有健康的体魄和健康的心理素质;有较高的科学素养、人文素养和创新精神。

(2)知识要求:掌握扎实的学前教育专业基础知识和基本理论,以及教育心理等学科基本理论;了解学前教育理论与专业的发展历史及学科前沿发展动态;熟悉幼教的方针、政策和法规,具备现代教育理念;了解相近学科(如教育学、管理学)的一般原理和基础知识。

（3）能力要求：有求知的热情和较强的自我教育意识，有较强的分析问题、解决问题的能力，有独立获取知识的学习能力；具备编制和实施教育方案的能力，具备保教技能，具备观察、分析幼儿的能力；具备一定的组织幼儿的能力和开展班主任工作的能力；掌握资料查询、文件检索及运用现代信息技术获取相关信息的基本方法，具有整理、分析实验结果，撰写论文，参与学术交流的能力；具备良好的表达能力，较熟练地掌握一门外语，具有在指导下阅读外文专业文献的能力。

（二）专业改革的定位

1. 专业改革定位

坚持"需求为导向，质量为核心"，以专业培养目标为主线，以师资队伍建设、课程建设、实验实训室建设、实践基地建设、制度建设等为主要内容，经过 4 年的努力，争取打造一支素质精良、结构合理的师资队伍，构建科学的人才培养模式和课程体系，建设一批具有示范性的实验实训室和实践基地，培养大批高质量、符合社会需求的学前教育专业人才，建成在全省乃至全国具有示范性和社会影响力的应用型本科专业。

2. 专业改革思路

在《国家中长期教育改革和发展规划纲要（2010—2020 年）》《中共中央　国务院关于学前教育深化改革规范发展的若干意见》和《教育部关于加快建设高水平本科教育全面提高人才培养能力的意见》等文件精神指导下，结合河南省学前教育专业的发展实际，以民办高校品牌专业建设和国家、省一流专业建设为契机，以学科建设为龙头，以师资队伍建设为关键，以人才培养为根本，以课程群建设为主线，探索新的学前教育人才培养模式，树立国际化视野，立足中原，通过"产教融合，项目化教学实施"，深化校企合作，规范各项管理制度，全面提高专业办学水平和能力。

四、教学设施

以"产学研用"为主线，以提高学生的综合实训能力为目标，学前教育专业已建成校内实验实训室 18 间，百余所校外实践基地，学校生均图书在 100 册以上，并建成以先进理念为指导，以师生专业发展为基点的高质量教学设施体系。

（一）校内实验实训、智慧教室建设完善

学校现有 18 间实训室，包括琴房、舞蹈室、美术教室、古筝室、茶艺室、音乐教室、幼儿园保育实操实训室、蒙台梭利教育实训室、奥尔夫音乐教育实训室等；计划新建乐高实训室、儿童行为观察室、育婴室等教学实训室，为学生实验实训能力的培养提供充分的保障。

学校教室标准配置多媒体计算机、投影仪等设备，用于呈现数字教育资源。在录播教室、微格教室、现代教育技术实验室、智慧教育实验室等场所，安装高清跟踪主机、高清摄像机、学生高清跟踪主机、视频图像展示台等先进多媒体设备。学校图书馆现有中国学术期刊网络出版总库、中国博士学位论文全文数据库、超星读秀学术搜索、人大复印报刊资料全文数据库等国内外正式数据库33个,能够满足学生的学习需要。

(二)专业图书资料充裕

学前教育专业的教学资源能够满足培养学生的需要,数字化教学资源充实、丰富,使用率高。生均教育类纸质图书不少于30册。建有幼儿园教学资源库和优秀幼儿园教育教学案例库,其中《幼儿园教育指导纲要(试行)》《3～6岁儿童学习与发展指南》和教学实习用幼儿园课程方案每3名学生不少于1套。学校图书馆和学院资料室拥有大量藏书。学院将持续大幅增加图书资料的投入,充实专业资料室图书期刊资料,以及教学光盘等视频资料,生均图书达到了100册以上,符合教育部关于高校图书资料的标准和要求。

(三)网上教学资源管理系统规范

学校有校园网及配套网络教育平台,建设了教与学功能完善的网络平台——"学习中心"和"翻转校园"。学校现拥有卓越的数据智能技术,能够强化本专业的信息系统建设,建成了全面适应教学、科研、学生管理的全方位数据库,不仅为教师和学生提供各类教务服务,还能够实现切实有效的信息化管理。

第三节　成果与展望

一、改革成果

(一)教师成果

1. 教师科研成果

学院中青年教师扎根专业教学,深入研究课程体系,以实践教学和信息化手段为依托,不断探索学前教育和相关领域的焦点问题,深化教学改革。学前教育专业共立项项目化教学课程9门(其中就业6门、升学3门),专业基础课已立项21门。实施课改的课程经过2～3年的不断改革和探索,已积累了丰富的课程资源,建立了成熟的教学模式和客观的评价标准,并在同类高校中进行推广。例如,"幼儿园一日流程"经过理论成果转化,其实践探索模式在省内多所高校和省内外20余所优质幼儿园进行推广。"幼儿园一日流程"课程团队进驻郑东新区龙子湖幼儿园,承担职工培训任务,郑州幼儿高等师范学院、商丘师范学院、河南财政金融学院及我校学前教育专业等高校实习生共计100余人参加。

学院秉承教学与科研相结合,在鼓励教师上好课的同时,加大科研奖励力度和培训力度,提升教师的科研能力。近三年来,专业教师在国家正规期刊发表文章30余篇，其中核心期刊发表论文 3 篇，申请专利 5 项，申报省厅各类科研项目约 20 余项，出版专著和教材 5 本。其中，主持申报的课题主要包括：河南省科学规划项目重点课题 1 项和一般项目 2 项；河南省教师教育课程改革项目重点课题 1 项和一般项目 2 项；河南省师范生成长工作坊建设项目 1 项；河南省社会科学联合会调研课题 6 项；等等。另外，学院成立郑州市大师工作室 3 个，省级工作室 1 个，主要有李萍保育大师工作室、顾珂职业指导大师工作室和杨庆平陶瓷烧纸技能大师工作室，2022 年又获批河南省级陶瓷装饰技能大师工作室等。

2. 教师获奖成果

张雨、冯丹宁在河南省学生素质能力大赛中辅导学生获得省级二等奖；张雨辅导学生参加郑州市第二十届音乐专业技能竞赛，获得小合唱项目团体一等奖；张雨、冯丹宁在郑州市第十三届"文明风采"竞赛活动爱国歌曲项目中辅导学生荣获二等奖；李方方、冯笑倓在郑州市第十五届"文明风采"竞赛活动"颂歌献给党"项目中辅导学生荣获二等奖。张雨在 2021 年度教师教学创新大赛中，荣获特等奖；冯丹宁在 2022 年度教学技能竞赛中，荣获一等奖。杨颖参加 2023 年郑州市社科普及"微视频"征集比赛活动，荣获二等奖；参加河南省第二十七届教学信息交流活动，荣获一等奖。2023 年，经过教育厅评审，学前教育专业获评高级双师型教师 1 名、中级双师型教师 16 名、初级双师型教师 18 名。

3. 教师平台共建成果

学前教育专业经过近三年的改革实践，顺利获批 3 个大师工作室，先后与郑州市高级技能培训中心、郑州市职业教育与评价协会共建保育师培训基地，承担郑州市高技能培训中心保育师三个等级线上及线下培训课程设计、教材开发、标准确立、试题库建设等工作。每门专业基础课程研发试题 15 套，相关教材 2 套(出版中)。2020 年，研发出保育资源库线上视频课程等，满足保育专业技能培训及认定工作需要。近两年，完成了高级技能培训中心委托的多个培训项目，先后为郑州部分幼儿园、开封等地的保育师提供培训，培训了初级保育师 300 人、中级保育师 313 人、高级保育师 536 人。项目化教学课程"幼儿园音乐活动设计与实施"在爱尚淘课 App 视频学习资源上线，拥有涵盖幼儿园小班、中班、大班的 54 个音乐活动案例。参与河南省职业教育精品在线开放课程"歌曲演唱与弹唱"的建设，"幼儿园音乐活动设计与实施"项目化教学课程团队成员承担第三章"幼儿歌曲演唱"中六个知识点的录课任务，现已在"智慧职教"平台正式上线。专业基础课"学前儿童发展心理学"目前已在大学生慕课平台上线并开课。

（二）学生成长

1. 学生获奖

在河南省教育厅主办的河南省第十九届高等学校师范教育专业毕业生教学技能大赛中，方艳老师指导的陈思璇同学获得学前教育专业本科组二等奖、李圣贤获得学前教育专业本科组三等奖；在河南省教育厅主办的河南省第二十届高等学校师范类专业毕业生教学技能比赛中，李彦老师指导的王驰同学获得学前教育专科组二等奖，由兰昕老师指导的孔培玉同学获得学前教育本科组二等奖，由翟天园老师指导的王鑫、张溪同学获得学前教育本科组三等奖；靳晶晶获全国大学生英语竞赛 C 类二等奖，王欣茹、李晨果、王法娣、陈淑霞、陈阳获全国大学生英语竞赛 C 类三等奖；赵伏英老师指导的"甲骨润童心——传承甲骨文化，光大中华精神"项目在第九届中国国际"互联网＋"大学生创新创业大赛中获得全校一等奖、省赛三等奖；唐晓丽参加全国甲骨文识读大赛获冠军。

2. 学生参与社会实践与技能考试

社会实践是学生成长的主要途径，是学生践行理论、探究真知的沃土。每年寒暑假，学院团委都会组织学生团队进行"三下乡"活动，活动围绕习近平总书记对中国新青年的殷切希望展开，让学生深入社会实践、践行社会服务，培养学生的团队意识和奉献精神。例如，2023 年 8 月，我院"三下乡"暑期实践团队——沿黄环保小队，成立了临时团支部，环保小队以解决困扰人民的环境问题为出发点，深入社会实践，为黄河环保奉献自己的一分力量。此外，还有不少学生党员志愿者利用寒暑假期，加入社区社会服务工作，为家乡服务。

为拓宽学生就业途径，提升学生专业技能，学院鼓励学生参加各项技能考试，获得职业证书。每学期学前教育专业学生英语四级通过率高达 95％以上，六级通过率达 45％，幼儿教师资格证通过率高达 97％，中级保育师通过率达 90％以上。同时，还有不少学生积极考取中小学教师资格证、育婴师证、家庭指导师证等与专业相关的证书。

3. 就业与升学

"就业是最大的民生"，学生就业一直是学院全体教师最关心的问题。为了实现学生高质量就业，学院多次邀请优质幼儿园来学院招聘，较多学生通过校招实现了高质量就业，还有不少学生考上了招教、特岗和西部计划等。2019 届毕业生的就业率在 95％以上，王晨旭、安玄翘、高雪阳等 9 名毕业生就职河南省实验幼儿园，苏梦珂就职郑州市郑东新区象湖第一幼儿园，雷琳、吴素华、李晓晨等 5 名毕业生就职郑州市二七区第二实验幼儿园，崔译方就职河南省军区幼儿园，李梦茹就职郑州市高新技术产业开发区第一幼儿园，布利鸽就职洛阳市实验幼儿园，张珂媛就职新加坡 PCF 公立幼儿园。另外，2019 届毕业生考研录取率达 85.71％。例如，2018 级本科班有五位学生分别考取了湖北师范大学、淮北师范大学、宁波大学、福建师范大学、成都大学的研究生。在学生考研方面，2020 届毕业生再创佳绩，2024 年"20 普本"有 41 人报考，其中 14 人通过国家 A 线，6 人通过 B 线，上线率高达 49％。其中，李梦媛考入河南师范大学，胡玉茹考入华南师范大学，李松鸽考入青海师范大学，翟晴晴和黄慧慧双双考入北华大学等，多名学生成功上岸。

二、未来展望

展望未来,学前教育专业将围绕学校建设一流大学的宏伟战略目标,并顺应转型发展、实现高质量发展的态势,努力实现如下发展目标:以培养具备应用研究能力和应用实践能力的复合型人才为根本,以学生发展为中心,进一步深化"2＋1＋1"产教融合型人才培养模式改革,通过3～5年的建设探索,构建一套面向行业企业参与的治理体系;建设一批应用型社会服务平台;依托数字化转型背景下黄河科技学院的大数据平台,打造"UGBK"(高校、政府、企业、幼儿园)服务模式。通过大量的行业企业和高校调研,研究应用型本科高校学前教育专业的顶层设计策略,指导确定应用型本科高校学前教育专业的人才培养定位、实施路径和宏观建设等内容;根据应用型人才培养定位,确定学前教育专业建设内容和科教融合与产教融合相结合的设计路径;建立"浙豫一体化"实践平台和"产教研融合"人才培养模式。随着教育5.0时代的到来,基于"浙豫一体化"实践平台建设,重新梳理应用型本科高校学前教育专业建设的内容,研究应用型学前教育专业人才培养模式构建策略,从而指导人才培养方案制定、课程教学改革、师资队伍建设、教学保障条件建设和教学管理与监控制度建设等教学环节设计,并设计人才培养质量评价体系,以其运行结果反馈指导人才培养模式构建。基于信息化、智能化学前教育专业教学模式,能够更好地促进学前教育专业毕业生与行业需求对接,更加突出学前教育专业实践教学在推动和达成应用型人才培养目标中的核心作用。这一模式实现了从宏观战略到中观执行层面的全面优化,形成了闭环式的人才培养体系,具有随社会行业发展进步而自我完善的机制,从而确保专业发展的长效性和科学性。

第二章

学前教育专业课程体系构建

第一节 人才需求分析

一、行业背景分析

学前教育是人生发展的奠基性教育,是基础教育的基础、终身教育的开端,是国民教育体系的重要组成部分。它对于促进个体在早期的身心健康发展,巩固和强化义务教育的质量与效益,提升国民素质,缩小城乡差距,促进教育和社会公平具有重要价值。除却其教育功能外,学前教育还承载着提供托幼服务的双重使命。一方面,学前教育可以为幼儿和家庭提供托幼服务,鼓励并促进就业,有效缓解父母失业和家庭贫困带来的社会压力,这一功能在国外被视为非常重要的社会改革手段,对于社会稳定与进步贡献显著。另一方面,高质量的托幼机构教育能够促进幼儿认知和社会性发展,帮助幼儿做好入学准备,为幼儿的未来学习和发展奠定坚实的基础。学前教育对促进面临不利处境的幼儿的健康发展具有补偿作用,其能够有效地降低家庭教育措施不当和成长环境劣势所带来的消极影响,从而打破贫穷代际传递的恶性循环,促进弱势群体融入主流社会,进而缩小城乡差距,促进社会公平。

随着社会的不断进步,人们的需求也日益提升,特别是在幼儿教育领域,对幼儿教师的专业素养要求不断提高,导致高质量学前教育专业人才出现供不应求的态势。目前,我国城乡间、地区间的学前教育发展水平差异显著,农村学前教育作为中国学前教育的重要组成部分,其状况尤为引人关注。如何使每一名幼儿都能享有接受优质学前教育的权利,保障幼儿在教育起点上的公平性,这是当前发展学前教育中需要研究的重要问题。学前教育事业的发展与质量提升,对社会的和谐稳定与可持续健康发展具有举足轻重的影响。

二、需求分析

目前,我国的学前教育发展正处于重要的转折期。一方面,随着未来出生人口的下降,目前针对3~5岁幼儿提供的幼儿园服务可能出现结构性的失衡;另一方面,0~

3 岁幼儿的托育服务存在着严重的供给缺口。

（一）3～5 岁幼儿的幼儿园服务结构性失衡

育娲人口研究智库的数据显示,在中预测(中限生育率:从 2023 年起生育率逐渐递增,至 2028 年回升到 1.1,从 2028 年起固定为 1.1。这是预测中最有可能发生的一种情形,需要鼓励生育,并引起全社会的广泛响应,尽管政府已实施多项鼓励生育的措施,但是总体的财政支出只占 GDP 的 1％～3％,相当于其他发达国家的平均水平。由于中国的教育投入和房价成本仍然是世界上最高的,因此生育率仅能维持在发达国家中偏低的水平,和日本接近,远低于欧美国家)的情形下,中国出生人口到 2050 年将跌破 700 万,到 2100 年出生人口只有 238 万,仅占全球出生人口的 2.2％。在中预测情形下,中国出生人口将在今后的 2～3 年跌破 1 000 万。随着中国出生人口的下降,未来 10 年 3～5 岁儿童的人口数量也对应下降,幼儿园入园人数也会出现大幅度下降。因此,幼儿园现有的供给基本可以满足未来入园儿童的需求,甚至可能出现过剩的现象。然而,在供给过剩的情况下,城乡、园际、公办与民办之间,教师的素质与能力却存在着巨大的差距,这些正是结构性失衡的具体表现。这一现状要求高校为幼儿园提供更多能够适应新时代发展所需的高水平学前教育人才。

（二）0～3 岁幼儿的托育服务严重不足

学前教育专业不仅要为幼儿园服务提供人才,还要为婴幼儿照护服务提供人才。因此,2019 年 5 月 9 日,《国务院办公厅关于促进 3 岁以下婴幼儿照护服务发展的指导意见》印发,提出三个方面的任务举措:①加强对家庭婴幼儿照护的支持和指导,落实产假政策;②加大对社区婴幼儿照护服务的支持力度,支持和引导社会力量依托社区提供婴幼儿照护服务;③规范发展多种形式的婴幼儿照护服务机构,加强婴幼儿照护服务专业化、规范化建设。但是政策的落地及效果的发挥需要一定的周期,2021 年 7 月 21 日,国家卫生健康委员会人口监测与家庭发展司司长杨文庄在国务院新闻办公室的发布会上说,目前我国 3 岁以下婴幼儿约 4200 万,其中三分之一有比较强烈的托育服务需求。但育娲人口研究智库的数据显示,我国 3 岁以下婴幼儿入托率仅为 5.5％左右,按照这一数字换算,入托人数还不到 231 万,供给缺口非常大。截至 2021 年年底,我国每千人口托位数是 2.03 个,即共有 200 多万个托位数;而根据《中华人民共和国国民经济和社会发展第十四个五年规划和 2035 年远景目标纲要》,到 2025 年,我国期望实现平均每千人口拥有 3 岁以下婴幼儿托位数达到 4.5 个的目标,届时托位总数可达 640 万个,当前距离这一目标还有约 400 万个托位的差距。

三、就业市场需求下专业人才培养路径分析

随着我国综合国力的不断提升,社会各领域事业均蓬勃发展,学前教育领域更是迎来了空前繁荣,幼儿园教育的各项相关改革举措不断向纵深推进。国家对这项工作

给予了高度重视,相关文件和标准已明确指出,提升学前教育质量的关键在于幼儿园教师要具备良好的综合素质,专业化、高素质的幼师队伍对于提高实际教育质量、促进学前儿童健康成长具有极其重要的意义。

（一）以就业为导向的相关技能训练

在实际工作中,需要以就业为导向加强技能训练,这样既能强化学生技能,又能促进学生全面发展。为此,学校建构了"2＋1＋1"(基础＋实践＋应用)产教融合型课程体系,即前两年聚焦学生基本能力的养成,设置基础性课程,夯实学前教育专业学生的基础理论素养,使学生都能够具有良好的思想品德和较高的身体素质和数字素养,树立良好的绿色理念,进而实现德、智、体、美、劳全面发展。第三年对接托幼机构实际岗位任务和真实项目,设置培养实践和创新能力的项目化教学课程。第四年是应用阶段,设置应用型课程,教师带领学生深入合作的幼儿园,进行深入实践和学习。通过"2＋1＋1"四年的课程学习,使学生从"见过""做过",慢慢到"做成""做好",毕业即能更好地就业。通过这些活动促进学生全面发展,从而更好地促进学生就业。

（二）加大力度建设好学生实习基地

实习是学生正式工作前最为重要的实践环节,实习基地的建设水平在一定程度上决定了学生实习的质量。为此,学校积极与一些高水平公立及私立幼儿园进行沟通和协商,共建实习基地,为学生实习提供更多的便利。从2016年至今,学校已先后签约100余所校外实践基地,搭建合作平台,实现职前职后培养一体化。2022年,与河南省实验幼儿园共建的大学生校外实践基地被河南省教育厅直接认定为"黄河科技学院新文科(学前教育专业)大学生校外实践教育基地"。同时,为了拓宽学生视野,学校还积极与北京、深圳等众多一线城市的优秀幼儿园进行接触。截至目前,学校已与多所幼儿园建立了合作关系,累计为数十名学生提供了实习服务。同时,学校将继续拓展一线城市及海外实习基地,为学生提供更多、更优质的实习基地。

（三）开设专项教学,提高学生的应聘能力

应聘能力是学生能力的重要组成部分,其决定了用人单位对学生的第一印象,并在一定程度上决定了学生能否被用人单位录用。为了确保学生具有较强的应聘能力,学校开设了专项课程教学活动,如高质量就业训练营、教师礼仪训练等。通过讲座、现场模拟、一对一辅导等方式,提高学生对面试的了解程度,提升其就业的应聘能力。学校还结合每个学生自身特点和特长,指导学生使用汉语和英语双语进行自我介绍;并在弹唱儿歌、演奏钢琴曲、演绎儿童舞、讲好小故事、练好字及上好公开课等方面打下坚实的基础。此外,结合学前教育专业的特点,学校还组织了"课前手指谣"活动,即在每节课开始前,由教师带领学生表演一段"手指谣",以增强学生对"手指谣"的掌握程度。通过这些专项教学活动,学生应对招聘的能力得到了大幅度的提升,学生也能够信心满满地参加用人单位的招聘,从而有效地提升应聘的成功率。

(四)就业渠道不断拓宽,帮助学生选择自己适合的就业岗位

扎实的专业知识和能力是学生就业的前提和基础,而多元通畅的就业渠道及对口的就业机会则是学生实现就业的重要保障和助力。为此,一方面,学校组织"访企拓岗"行动,积极拓宽就业渠道。每年都会由院长、书记牵头,深入企业一线,既可以增加学校对企业的了解情况,又可以拓宽学生的就业渠道。另一方面,学校不仅积极鼓励学生考公考编、创新创业及参加西部计划,还组织专业教师为学生的考公考编及创业等提供力所能及的帮助。

除了拓宽就业渠道,黄河科技学院还积极帮助学生选择自己适合的就业岗位。在学生毕业前,学校会制定相关的就业方案,综合每个学生的学习成绩,以及相关专业特长和教学能力等方面的因素,帮助学生找准定位,指导他们选择适合的就业岗位。模拟不同的用人单位的招聘活动,让毕业生模拟体验应聘流程,对学生在模拟应聘活动中表现出来的问题及时总结、及时解决。

通过明确以就业为导向,调整学前教育专业人才培养的思路和方法,此举显著提升了学前教育专业毕业生的就业竞争力,实现了高水平的就业率。

第二节　岗位任务分析

一、专业职位群

通过对近年来毕业生就业方向的调研发现,学前教育专业毕业的学生,就业方向大致可以分为四个大类,即教育教学类、培训咨询类、研发出版类、社会服务类,其中教育教学类占据主体地位。在此基础上进行细化,并最终衍生出公办幼儿教师(有编制)、公办幼儿教师(无编制)等 36 个具体的岗位名称。

(一)教育教学类岗位群

教育教学类岗位主要是指学生未来从事与教育教学相关的工作,如各级各类学校教师、幼儿园保育员等。其在学前教育专业毕业生的就业类型中所占比例最大,这与学前教育专业的师范属性有着较大的关系。在教育教学类的大框架下,根据学校的属性又可分为公办学校和民办学校,并最终衍生出幼儿教师、保育员、小学教师、初中教师等具体工作岗位,具体岗位名称参见表 2-1。

表 2-1　学前教育专业教育教学类职位群

一级	二级	三 级	四 级	最后呈现出来的职位名称
教育教学类	公办学校	公办幼儿园	幼儿教师(有编制)	公办幼儿园教师(有编制)
		公办幼儿园	幼儿教师(无编制)	公办幼儿园教师(无编制)

续表

一级	二级	三级	四级	最后呈现出来的职位名称
教育教学类	公办学校	公办幼儿园	保育员（生活老师）	公办幼儿园保育员（生活老师）
		公办幼儿园	幼儿园实习教师	公办幼儿园实习教师
		公办小学	小学教师	公办小学教师
		公办小学	小学特岗教师	公办小学特岗教师
		公办初中	初中教师	公办初中教师
		公办初中	初中特岗教师	公办初中特岗教师
	民办学校	私立幼儿园	幼儿教师（有编制）	私立幼儿园教师（有编制）
		私立幼儿园	幼儿教师（无编制）	私立幼儿园教师（无编制）
		私立幼儿园	保育员（生活老师）	私立幼儿园保育员（生活老师）
		私立幼儿园	幼儿园实习教师	私立幼儿园实习教师
		私立小学	小学教师	私立小学教师
		私立小学	小学特岗教师	私立小学特岗教师
		私立初中	初中教师	私立初中教师
		私立初中	初中特岗教师	私立初中特岗教师
		小学附设学前班	学前班教师	小学学前班教师

（二）培训咨询类岗位群

培训咨询类岗位主要是指学生未来从事与学前教育专业相关的培训和咨询类工作，如各种早教机构的早教教师及咨询师、艺术培训机构的培训师及咨询师等。其在学前教育专业毕业生的就业类型中所占比例较大，这与学前教育专业的课程设置有着较大的关系。例如，学前教育专业普遍开设卫生学、环境创设、幼儿园游戏、幼儿舞蹈、音乐等相关课程，为学生未来从事相关咨询培训工作提供了可能性。培训咨询类的工作岗位又可以具体分为早教老师、亲子培训师、乐高编程老师等，具体岗位名称参见表 2-2。

表 2-2　学前教育专业培训咨询类职位群

一级	二级	三级	四级	最后呈现出来的职位名称
培训咨询类	私企	早教机构	早教老师	早教机构老师
		早教机构	教学助理	早教机构教学助理
		早教机构	亲子培训老师	早教机构亲子培训老师
		艺术培训机构	艺术培训老师	艺术培训机构老师
		培训机构	乐高编程老师	乐高编程老师（培训）
		托儿所	托班老师	托班老师
	私企	早教机构	课程顾问	早教销售课程顾问
		早教机构	幼教咨询	儿童心理咨询师（幼教咨询）

续表

一级	二级	三级	四级	最后呈现出来的职位名称
培训咨询类	私企	早教机构	幼教咨询	儿童发展评估人员（幼教咨询）
		培训机构	母婴培训	母婴培训育婴师（初级）
		培训机构	母婴培训	母婴培训育婴师（中级）
		培训机构	母婴培训	母婴培训育婴师（高级）

（三）研发出版类岗位群

研发出版类岗位主要是指学生未来从事与学前教育专业相关的研发出版类工作，如童书编辑、儿童用品开发顾问等。其对学前教育专业毕业生的就业是一个较大的补充，这与学前教育专业学生较为了解幼儿的需求、特点等有着较大的关系。同时，学前教育专业开设的幼儿心理学、儿童行为观察与引导等相关课程，为学生未来从事相关研发出版类工作提供了可能性。研发咨询类的工作岗位又可以具体分为出版社少儿图书编辑、儿童用品开发顾问等，具体岗位名称参见表2-3。

表 2-3　学前教育专业培训咨询类职位群

一级	二级	三级	四级	最后呈现出来的职位名称
研发出版类	私企	出版社	少儿图书编辑	出版社少儿图书编辑
		儿童用品研发企业	儿童用品开发顾问	儿童用品开发顾问
	社会机构	儿童研究机构	研究人员	儿童研究机构研究人员
		电视台	儿童专栏节目采编人员	儿童专栏节目采编人员

（四）社会服务类岗位群

社会服务类岗位主要是指学生未来从事社会公共服务相关的工作，如各级各类政府机关公务员、事业单位工作人员等。近年来，随着就业市场的变化，越来越多的学前教育专业学生选择考公或者考编，政府机构虽然没有与学前教育专业相关的工作岗位，但是大学本科学历却为毕业生考公考编提供了可能性。社会服务类的工作岗位名称具体参见表2-4。

表 2-4　学前教育专业社会服务类职位群

一级	二级	三级	四级	最后呈现出来的职位名称
社会服务类	国家机关	公务员	工作人员	国家机关公务员
	事业单位	事业编	工作人员	事业单位事业编
	社会机构	儿童救助站	工作人员	儿童救助站工作人员

二、岗位职业能力需求

岗位职业能力需求反映了企业及用人单位对学前教育专业学生的培养要求。通过对企业招聘信息的分析和对招聘者的访谈,研究从工作实习/项目实践经验、资格证书和专业能力要求等三个方面对岗位专业要求进行了梳理,并最终形成了相应的标签名称。

（一）工作实习/项目实践经验

工作实习/项目实践经验是指学生在工作之前从事过与工作内容相关的学习或工作,这样的经验可以确保毕业生能够快速地适应工作岗位。从职位大类来看,教育教学类、培训咨询类和研发出版类对于毕业生的工作实习/项目实践经验较为看重。究其原因,主要是这些工作岗位上手较慢,毕业生可能需要花费大量的时间才能适应岗位的要求。因此,为了获取更高的工作效益,用人单位更倾向于有较长工作或者实习经验的毕业生。例如,有些幼儿园直接表示有相关经验或者在本幼儿园实习经历的毕业生可以优先录取。从实习/工作经验的长短来看,一般有 3 个月、6 个月和 1 年之分,而对于应届毕业生而言,在实习时长方面不会有太高的要求,且具备实习经历主要作为优先考虑的条件。表 2-5 为不同职位大类在工作实习/项目实践经验时长的具体要求。

表 2-5　工作实习/项目实践经验时长的具体要求

一级选项	二级选项	最终标签名称
工作或实习经验时长要求	3 个月实习/工作经验	3 个月实习/工作经验（必要）
		3 个月实习/工作经验（优先）
	6 个月实习/工作经验	6 个月实习/工作经验（必要）
		6 个月实习/工作经验（优先）
	1 年实习/工作经验	1 年实习/工作经验（必要）
		1 年实习/工作经验（优先）

工作或实习经验的具体内容要求,因职位大类而异。例如,教育教学类更加强调教学经验,其中常见的要求有具有教学类实习经验、拥有支教经历、具有教学经验及幼儿保育经验。此外,师范类院校毕业也是用人单位在招聘时考虑的一个重要因素。培训咨询类则更加看重学生的咨询经历,其中常见的要求有具有咨询顾问类实习经验、具有咨询顾问工作经验、参加过咨询顾问类培训。此外,普通院校优秀毕业生和师范类院校毕业生也是用人单位的优先选择群体。研发出版类则更加看重学生在出版行业的工作经历,其中常见的要求有具有研发出版实习经验、具有研发出版工作经验。此外,师范类院校毕业生和具有出版专业资格证书者是用人单位的优先选择群体。社会服务类则更加看重学生的社会服务工作经历,其中常见的要求有具有社会服务实习经验、具有社会服务工作经验、具有基层工作经历。表 2-6 为不同职位大类在工作或实习经验内容的具体要求。

表 2-6　不同职位大类在工作或实习经验内容的具体要求

一级选项	二级选项	三级选项	最终标签名称
工作或实习经验内容要求	教育教学类	师范类院校毕业生优先	师范类院校毕业生优先（必要）
			师范类院校毕业生优先（优先）
		具有教学类实习经验	具有教学类实习经验（必要）
			具有教学类实习经验（优先）
		具有支教经历	具有支教经历（必要）
			具有支教经历（优先）
		具有教学经验	具有教学经验（必要）
			具有教学经验（优先）
		具有幼儿保育经验	具有幼儿保育经验（必要）
			具有幼儿保育经验（优先）
	培训咨询类	普通院校优秀毕业生优先	普通院校优秀毕业生优先（必要）
			普通院校优秀毕业生优先（优先）
		师范类院校毕业生优先	师范类院校毕业生优先（必要）
			师范类院校毕业生优先（优先）
		具有咨询顾问类实习经验	具有咨询服务类实习经验（必要）
			具有咨询服务类实习经验（优先）
		具有咨询顾问工作经验	具有咨询销售服务经验（必要）
			具有咨询销售服务经验（优先）
		参加过咨询顾问类培训	参加过咨询销售类培训（必要）
			参加过咨询销售类培训（优先）
	培训咨询类	师范类院校毕业生优先	师范类院校毕业生优先（必要）
			师范类院校毕业生优先（优先）
		具有研发出版实习经验	具有研发出版实习经验（必要）
			具有研发出版实习经验（优先）
		具有研发出版工作经验	具有研发出版工作经验（必要）
			具有研发出版工作经验（优先）
		具有出版专业资格证书者优先	具有出版专业资格证书者优先（必要）
			具有出版专业资格证书者优先（优先）
	社会服务类	具有社会服务实习经验	具有社会服务实习经验（必要）
			具有社会服务实习经验（优先）
		具有社会服务工作经验	具有社会服务工作经验（必要）
			具有社会服务工作经验（优先）
		具有基层工作经历	具有咨询销售工作经验（必要）
			具有咨询销售工作经验（优先）

（二）资格证书

职业资格证书是国家证书制度的一个组成部分，它是通过国家法律、法令和行政条规的形式,以政府的力量来推行,由政府认定和授权机构来实施,在全国范围内通用,对劳动者的从业资格进行认定的国家证书。职业资格证书是表明劳动者具有从事某一职业所必须具备的学识和技能的证明,是对劳动者具有和达到某一职业所要求的知识和技能标准,以及通过职业技能鉴定的凭证,同时也是职业标准在社会劳动者身上的体现和定位。

通过调查发现,由于工作的专业性较强,教育教学类及培训咨询类的工作岗位对毕业生的资格证书要求较多且严格。例如,教育教学类基本上都明确要求毕业生必须具有教师资格证或保育员证,其他从事专业教学的还需要有专门的等级证书。培训咨询类中的育婴师也明确要求毕业生必须具有相应的育婴师证。而研发出版类及社会服务类等工作岗位对于毕业生的资格证书则没有过高的要求,更多地属于优先选择项。表 2-7 为不同职位大类对资格证书的具体要求。

表 2-7　不同职位大类在资格证书方面的具体要求

一级选项	二级选项	三级选项	最终标签名称
资格证书	教育教学类	健康证	—
		保育员证书	初级保育员证书
			中级保育员证书
			高级保育员证书
		钢琴等级证书	一级钢琴等级证书
			二级钢琴等级证书
			三级钢琴等级证书
			四级钢琴等级证书
			五级钢琴等级证书
			六级钢琴等级证书
			七级钢琴等级证书
			八级钢琴等级证书
			九级钢琴等级证书
			十级钢琴等级证书
		舞蹈等级证书	—
		声乐等级证书	一级声乐等级证书
			二级声乐等级证书
			三级声乐等级证书
			四级声乐等级证书
			五级声乐等级证书
			六级声乐等级证书
			七级声乐等级证书
			八级声乐等级证书
			九级声乐等级证书
			十级声乐等级证书

续表

一级选项	二级选项	三级选项	最终标签名称
资格证书	教育教学类	美术等级证书	A档美术等级证书
			B档美术等级证书
			C档美术等级证书
			D档美术等级证书
		教师资格证书	幼儿园教师资格证
			小学教师资格证
			初级中学教师资格证
			高级中学教师资格证
	培训咨询类	健康证	—
		保育员证书	初级保育员证书
			中级保育员证书
			高级保育员证书
		心理咨询师	心理咨询师一级
			心理咨询师二级
			心理咨询师三级
		教师资格证书	幼儿园教师资格证
			小学教师资格证
			初级中学教师资格证
			高级中学教师资格证
		儿童心理评估专项技能培训合格证书	—
	研发出版类	育婴师证	初级育婴师证
			中级育婴师证
			高级育婴师证
		教师资格证书	幼儿园教师资格证
			小学教师资格证
			初级中学教师资格证
			高级中学教师资格证
		出版专业职业资格证书	初级出版专业职业资格证书
			中级出版专业职业资格证书
			高级出版专业职业资格证书
	社会服务类	心理咨询师	心理咨询师一级
			心理咨询师二级
			心理咨询师三级
		儿童心理评估专项技能培训合格证书	—

（三）专业能力

专业能力是指完成一定活动的本领，它是一个人面对竞争脱颖而出的决定条件，是能否胜任职业工作的主观条件。毕业生未来从事的工作专业性越强，其对学生的专业能力要求就越高。教育教学类的工作岗位一般都是专业教师，其对学生的专业能力要求最高，除必备的幼儿知识之外，还需要掌握相应的教学设计、实施及评价的能力。而其他工作岗位则更多要求学生掌握相应的幼儿知识及少量的相关技能。表 2-8 为不同职位大类对专业能力的具体要求。

表 2-8 不同职位大类对专业能力的具体要求

一级选项	二级选项	三级选项	最终标签名称
专业能力	教育教学类	掌握观察幼儿、分析幼儿的基本能力，以及对幼儿实施保育和教育的技能	掌握观察幼儿、分析幼儿的基本能力，以及对幼儿实施保育和教育的技能（必要）
			掌握观察幼儿、分析幼儿的基本能力，以及对幼儿实施保育和教育的技能（优先）
		具有编制具体教育方案和实施方案的初步能力	具有编制具体教育方案和实施方案的初步能力（必要）
			具有编制具体教育方案和实施方案的初步能力（优先）
		具备丰富的教学经验和成熟的教育理念	具备丰富的教学经验和成熟的教育理念（必要）
			具备丰富的教学经验和成熟的教育理念（优先）
	培训咨询类	掌握观察幼儿、分析幼儿的基本能力	掌握观察幼儿、分析幼儿的基本能力（必要）
			掌握观察幼儿、分析幼儿的基本能力（优先）
		掌握必要的育儿技能	掌握必要的育儿技能（必要）
			掌握必要的育儿技能（优先）
	研发出版类	掌握观察幼儿、分析幼儿的基本能力	掌握观察幼儿、分析幼儿的基本能力（必要）
			掌握观察幼儿、分析幼儿的基本能力（优先）
		掌握必要的育儿技能	掌握必要的育儿技能（必要）
			掌握必要的育儿技能（优先）
	社会服务类	掌握观察幼儿、分析幼儿的基本能力	掌握观察幼儿、分析幼儿的基本能力（必要）
			掌握观察幼儿、分析幼儿的基本能力（优先）
		掌握儿童救护的知识和技能	掌握儿童救护的知识和技能（必要）
			掌握儿童救护的知识和技能（优先）

三、专业就业岗位对应专业能力分析

职业能力是一个人从事某个职业应该具备的某些能力，其直接决定了毕业生是否能够满足企业的需求。通过调研发现，学前教育专业学生绝大部分从事和幼儿园教师相关的教育教学类的工作。

（一）基本能力

学前教育专业学生应该具备以下基本能力：良好的思想素质和健康的人格，热爱学前事业，并且具备较强的事业心、责任感，以及良好的职业道德素质和健全的思想品

德;具备较强的人文素质和科技素养,扎实的理论知识和良好的语言表达能力,可以熟练运用现代各类教学工具,并且具有相应的基本判断推理能力。

(二)专业能力

专业能力是针对学前教育这个职业而言学生应该具备的专业实力,应符合学前教育职业发展的基本需求。学前教育专业能力可以分为以下六个方面。

1. 具有组织综合教育活动的素质与能力

作为幼儿教师,应具有良好的职业道德,要做到对儿童的发展负责;具备全面、正确地了解儿童发展的能力;能够有效地组织幼儿园五大领域的教育内容及教育活动,能够创设适宜的环境,并且能够开展随机教育。同时,还要具备一定的创新能力,能够预见未来的发展方向。此外,要具备领导能力和组织能力,能够协调好各方关系,有效开展幼儿园的教育活动。

2. 具有艺术素质与能力

学前教育专业的学生应具有较高的艺术素质与组织幼儿艺术活动的能力。在音乐方面,要具有识谱和创作儿童歌曲的能力,要具有边弹边唱、即兴伴奏、为他人伴奏和演唱歌曲的能力;在舞蹈方面,要具有儿童舞蹈创编、表演、编排的能力;在美术方面,要具有幼儿园环境创设与布置的能力,具有指导幼儿绘画和制作玩教具的能力。

3. 具有科研素质与能力

学前科学研究,即幼儿科学研究,是探索幼儿教育科学的认识过程,以揭示并促进发现幼教的客观规律、研究幼儿教育科学的知识体系为目的,进而用于指导幼儿教育实践,改进幼教的内容和方法,提高幼教质量,更好地完成幼儿教育的任务。因此,学前教育专业的学生要具有探索幼儿教育规律和方法的能力,具有从事幼儿园教育教学的研究能力。现代的幼儿教育需要的是研究型幼儿教师。

4. 具有管理素质与能力

学前教育专业的学生要具有掌握国家政策法规的能力,具有较强的幼儿园管理意识,掌握《幼儿园教育指导纲要》和《幼儿园工作规程》,具有幼儿园管理的理论知识。他们不仅要具有管理一个幼儿教学班的能力,而且也要具有管理一所幼儿园的能力。

5. 具有信息素养和现代教育技术的运用能力

信息素养是现代社会人整体素养的一部分。在信息时代,学前教育专业的学生要具有如下能力:运用多媒体进行幼儿园教学的能力及制作课件的能力;驾驭信息的能力,即高效获取信息的能力;熟练、批判性地评价信息的能力;有效地吸收、存储、快速提取信息的能力;运用多媒体形式表达信息、创造性地使用信息的能力;运用信息技术自主、高效地学习与交流的能力;信息时代公民的人格教养,即努力培养和提高信息时代公民应有的道德、情感、法律意识与社会责任。

6.具有国际化观念与借鉴国外幼儿教育先进经验的能力

学前教育专业的学生要具有较好的英语基础,具备国际交流的能力,善于接纳各国的文化和信息,熟悉国际的通行规则,从而推动国际合作,同时具有借鉴国外幼儿教育先进经验并有效实现本土化的能力。

(三)关键能力

关键能力主要有两点,即学习能力与社会能力。学习能力是一种转变,即学生从原有的学生学习状态转变到教师学习状态的能力。学生从初中阶段开始就处于应试教育模式,虽然在素质教育中得到了一定的学习能力和方法提升,但是学生学习的主要目的还是学习知识,并没有转变自身的学习状态,依旧是被动学习。然而,教育教学需要做到举一反三,需要学生从教育的本质问题出发,不断询问自己"为什么教""教什么""怎么教",从被动学习走向主动学习,有目的地提升自己的教学能力。社会能力是对社会交往、人际关系的处理能力。幼儿教师主要注重幼儿、幼儿园及家长三方面的协调统一,要能够做到处理基本的交际问题,确保教育能够在多方支持的背景下进行,这样才能够提高教育教学质量和水准,工作中的人际交往及活动组织等都需要社会能力。

学前教育专业基于岗位和项目任务知识能力素质分析表

第三节 课 程 体 系

一、课程体系构建背景

2012 年 2 月,教育部正式颁布《幼儿园教师专业标准(试行)》,该文件确立了幼儿教师培养的质量目标,为高等学校学前教育专业学生的专业成长指明了方向。2018 年11 月 7 日,发布了《中共中央国务院关于学前教育深化改革规范发展的若干意见》,其中提出"创新培养模式,优化培养课程体系"。2021 年 12 月印发的《教育部等九部门关于印发〈"十四五"学前教育发展提升行动计划〉和〈"十四五"县域普通高中发展提升行动计划〉的通知》、2022 年 2 月印发的《教育部关于印发〈幼儿园保育教育质量评估指南〉的通知》和 2022 年 9 月印发的《教育部办公厅关于进一步做好"优师计划"师范生培养工作的通知》(教师厅函〔2022〕22 号)等文件,对幼儿园教师必须具备的教育教学能力都提出了明确的要求。推进"产教深度融合、校企协同育人",是应用型本科高校高质量发展的重要路径,是培养社会急需的高素质应用型人才的重要举措。近年来,我校聚焦学生高质量就业这一核心目标,以体制机制创新为根本,以课程体系建设为核心,以数字化转型为手段,着力推进人才培养与社会需求紧密对接,并取得了较好的成效。学前教育作为人才培养的重要环节,在学校教育和终身教育中具有基础性作用。在上述背景下,推进课程体系建设具有重要的现实意义。

二、课程体系构建思路

课程体系构建的基本思路是紧密对接市场需求,按照"从任务到能力再到知识"的逻辑,从企业一线岗位任务出发,创设项目化教学体系,全面梳理项目化教学所需要的知识、技能和素养,通过对课程内容的删减、新增与合并等,建设新的专业基础课和公共基础课,努力打造一流课程体系,为高质量人才培养提供有力支撑。

培养应用型人才的课程内容应该是应用知识体系,它不但应包含技术理论与运用的知识,还应包含经验(或方法)知识和跨学科知识,必须以工作任务为中心,将尚未分化的实践经验、知识形态纳入持续的课程建设之中,从而实现学生核心职业素养的提升。产教融合的关键点在于人才培养,其基本标志是产生新的产教融合体。传统高校的课程体系是在学科逻辑下构建的,以传授学生知识为主;校企合作型的课程体系则是以职业为导向,兼顾知识传授和能力的培养;而产教融合型课程体系是面向工作岗位的,以能力培养为主。通过实际调研,我们发现大多数高校的学前教育专业课程体系属于学科逻辑下的传统课程体系或校企合作型课程体系,产教融合型课程体系尚未建立。目前,我校学前教育专业在岗位需求调研、核心课程的知识建模、新版教学设计等工作的基础上,进行符合时代要求和人才培养规律的课程体系设计。

学前教育专业基于岗位和项目任务的课程知识体系组课表

三、课程体系构建目标

运用 OBE 理念,从岗位任务倒推专业课程体系构建及教学内容设计。根据职业成长及认识的递进规律,重构工作领域,并对项目任务进行组合,创设项目化教学体系,倒逼专业基础课和公共基础课进行改革,构建以高质量就业为导向、以项目化教学为核心、无缝对接市场需求的产教融合型课程体系。如图 2-1 所示。

配合课程体系的重塑,学前教育专业以学生为中心,优化教学方式和考核评价方式。通过校企深度合作,让课程教学走出教室、走进企业,让学生接受实际项目的训练,

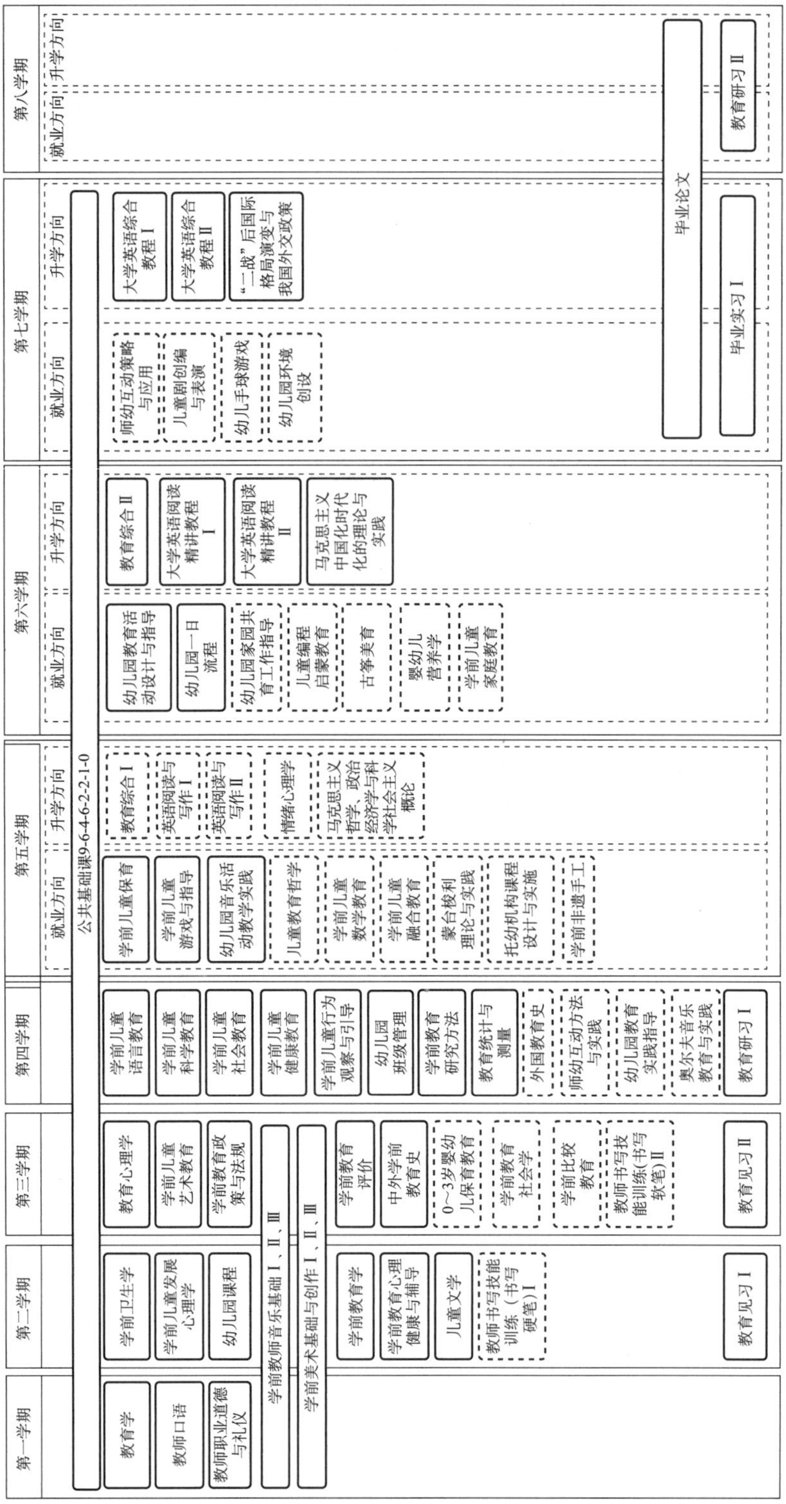

第一学期
- 教育学
- 教师口语
- 教师职业道德与礼仪
- 学前教师音乐基础与创作 I、II、III
- 学前美术基础与创作 I
- 教育见习 I

第二学期
- 学前卫生学
- 学前儿童发展心理学
- 幼儿园课程
- 学前教育学
- 学前教育心理健康与辅导
- 儿童文学
- 教师书写技能训练（书写·硬笔）I

第三学期
- 教育心理学
- 学前儿童艺术教育
- 学前教育政策与法规
- 学前教育评价
- 中外学前教育史
- 0~3岁婴幼儿保育教育
- 学前比较教育
- 教师书写技能训练·硬笔 II
- 教育见习 II

第四学期
- 学前儿童语言教育
- 学前儿童科学教育
- 学前儿童社会教育
- 学前儿童健康教育
- 学前儿童观察与指导
- 幼儿园班级管理
- 学前教育研究方法
- 教育统计与测量
- 外国教育史
- 师幼互动方法与实践
- 幼儿园教育实践指导
- 奥尔夫音乐与实践
- 教育研习 I

第五学期　就业方向；升学方向　公共基础课9-6-4-6-2-2-1-0
就业方向：
- 学前儿童保育
- 学前儿童游戏与指导
- 幼儿园音乐活动教学实践
- 儿童教育哲学
- 学前儿童数学教育
- 学前儿童融合教育
- 托幼机构课程设计与实施
- 学前非遗手工

升学方向：
- 教育综合 I
- 英语阅读与写作 I
- 英语阅读与写作 II
- 情绪心理学
- 马克思主义哲学、政治经济学与科学社会主义概论
- 学校心理学
- 整合实践
- 理论与实践

第六学期　就业方向；升学方向
就业方向：
- 幼儿园教育活动设计与指导
- 幼儿园一日流程
- 幼儿园家园共育工作指导
- 儿童编程教育
- 古筝美育
- 婴幼儿营养学
- 学前儿童家庭教育

升学方向：
- 教育综合 II
- 大学英语阅读精讲教程 I
- 大学英语阅读精讲教程 II
- 马克思主义中国化时代化的理论与实践

第七学期　就业方向；升学方向
就业方向：
- 师幼互动策略与应用
- 儿童剧创编与表演
- 幼儿手球游戏
- 幼儿园环境创设

升学方向：
- 大学英语综合教程 I
- 大学英语综合教程 II
- "二战"后国际格局演变与我国外交政策
- 毕业实习 I
- 毕业论文

第八学期　就业方向；升学方向
- 教育研习 II

注：上图课程边框若为虚线则代表选修课程，若为实线则代表必修课程（扫码看彩图）。

图例：公共基础课程　专业基础课程　项目化教学课程　应用型课程　选修课程　应用型研究方向课程　集中实践环节

图 2-1　学前教育专业课程体系结构图

实现"真题真做",突出应用能力的培养;积极推行"数智化＋教育"战略,深化线上线下混合式教学模式,延伸课堂教学空间;明确将课外学习任务列入教案和教学设计中,促使学生"动起来、忙起来"。设立严格的考试标准和难度梯度,确保每名学生都能达到课程教学目标。科学制定考核评价指标及权重,将重点放在学生学习质量的成效考评方面;采用终结性评价与过程性评价相结合的方式,强调以能力为主、多维发展的评价取向;重视企业等第三方评价的作用,调动企业在产教融合型课程体系实施成效评价上的主动性;以客观性评价、市场评价为原则,学生成果以交付市场使用为标准,促进学生在真实项目实践中实现"做成、做好",从而无缝衔接用人单位和市场检验,彰显以学生发展为中心的评价理念。

附:学前教育专业人才培养方案

专业代码(国标):040106　　　　　专业代码(校标):6402

学科门类:教育学　　　　　　　　　学位:教育学学士

一、培养目标

本专业以习近平新时代中国特色社会主义思想为指导,践行社会主义核心价值观,坚持和贯彻党的教育方针政策,落实立德树人根本任务,以培养新时代"四有好老师"为己任,立足郑州、面向河南、辐射全国,适应新时代高质量学前教育发展的人才需求,德智体美劳全面发展,热爱教育事业,具有良好的教师职业道德与教育情怀;掌握扎实的学前教育专业基本理论知识、方法与技能,具备健全人格、理想信念、社会责任感,能够适应未来职业和社会发展需求,能在托幼机构、学前儿童社会服务机构及教育行政部门从事学前儿童保教、研究和管理工作的高素质应用型创新人才。

本专业学生毕业五年后能够达到以下预期目标。

1. 教育信念

自觉践行社会主义核心价值观,具有以爱为魂的高尚师德,秉承以儿童为本的专业信念,坚守科学与正确的儿童观、教育观和教师观;乐于从教,热爱教育事业,具有良好的职业道德素养,深刻领悟并弘扬教育家精神,依法执教,对教师职业有强烈的认同,具有扎根学前教育的信念,成为新时代"四有"好老师。

2. 知识技能

能够综合运用学前教育基本理论、技能开展幼儿园教育活动设计、实施和评价等活动。具备广博的人文、社会、艺术、科学素养,遵循教育规律和幼儿身心发展规律,掌握幼儿保育、教育知识。具有敏锐观察、分析幼儿行为的能力,能根据幼儿的特点给予适宜的指导;能科学规划和组织实施一日生活与保育、领域教育活动,支持和促进幼儿主动学习;能创设合适的教育环境,有效支持和引导幼儿的游戏活动。能利用先进教育理念、经验、方法和手段进行教育教学研究。

3. 育人能力

树立德育为先的理念,能遵循幼儿身心发展规律,独立开展幼儿园班级管理、心理健康指导、安全教育等育人工作;能根据幼儿社会性、情感发展特点和规律,积极开展环境育人、文化育人和活动育人;合理利用教育契机开展随机教育,开发并充分利用各种教育资源全面育人。

4. 专业发展

具有终身学习与自主发展意识,合理制定职业生涯发展规划;能汲取国内外学前教育教学新理论、新方法,运用批判性思维和自我反思进一步完善教学。能够与学生、家长及同行进行沟通与协作,并能有效组织和参与团队交流、合作互助和学习研讨,发挥引领作用,初步形成具有独特个性的教学风格,成长为优秀学前教育骨干教师。

二、毕业要求

本专业学生毕业时应达到以下要求。

1. 师德规范

认同中国特色社会主义理论体系,增进对中国特色社会主义的思想认同、政治认同、理论认同和情感认同。贯彻党的教育方针,以立德树人为根本任务,能够在教书育人实践中自觉践行社会主义核心价值观。遵守幼儿园教师职业道德规范,具有依法执教意识,立志成为有理想信念、有道德情操、有扎实学识、有仁爱之心的"四有"好老师。具体要求如下。

1.1 [理想信念]学习贯彻习近平新时代中国特色社会主义思想,形成对中国特色社会主义的思想认同、政治认同、理论认同和情感认同,能够在教育实践中自觉践行社会主义核心价值观。

1.2 [立德树人]忠于党的教育事业,贯彻党的教育方针,理解立德树人内涵,形成立德树人理念,掌握立德树人途径和方法,并在保教活动中贯彻执行,立志成为"四有"好老师。

1.3 [师德准则]理解教师职业道德规范内涵与要求,遵守《新时代幼儿园教师职业行为十项准则》,能分析解决教育教学实践中的相关道德规范问题;熟悉教育法、学前教育法等法律法规,具有依法执教意识,自觉维护师生合法权益。

2. 教育情怀

乐于从教,热爱幼儿教育事业,认同幼儿园教师工作的意义和专业性。具有积极的情感、端正的态度、正确的价值观。具有人文底蕴和科学精神,尊重幼儿人格,富有爱心、责任心,工作细心、耐心,做幼儿锤炼品格、学习知识、创新思维、健康成长的引路人。具体要求如下。

2.1 [职业认同]乐于从教,热爱幼儿教育事业,认同幼儿教师工作的价值和专业性,认同教师是幼儿学习与发展的支持者、合作者、引导者,认同促进幼儿全面发展、个性化发展理念。

2.2 [职业情感]树立正确的教师观、教育观,具有积极的情感、端正的态度、正确的价值观,具有良好的心理素质、健康的体魄,具有一定的人文底蕴与科学素养,爱岗敬业,诚实劳动,对儿童的真挚关怀以及对自身职业角色的自豪感。

2.3 [关爱幼儿]树立科学的儿童观和保教观,关爱幼儿,尊重幼儿人格,富有爱心、责任心、耐心和细心,乐于做幼儿健康成长的启蒙者和引路人。

3. 保教知识

具有能够胜任幼儿园日常保教工作需求的科学、人文和艺术知识,熟悉学前教育法律法规和中国教育发展情况;熟悉并掌握幼儿身心发展规律和幼儿保育、教育知识;掌握开展幼儿园保育教育活动的知识与方法;注重知识的联系和整合。具体要求如下。

3.1 [通识知识]具有能够胜任幼儿保教工作需求的自然科学、人文、艺术和现代信息技术等方面的知识。

3.2 [儿童发展]掌握学前儿童身心发展的基本理论与知识,理解不同年龄阶段学前儿童的身心发展规律、学习特点、个体差异以及发展中容易出现的问题,了解有特殊需要幼儿的身心发展特点及教育策略与方法。

3.3 [教育知识]掌握教育学和学前教育学的基本理论,掌握学前教育政策法规中有关保教的规范与要求;掌握相关法律法规和政策,了解中外教育和学前教育的发展情况。

3.4 [领域知识]掌握幼儿园健康、语言、社会、科学、艺术领域的知识和方法,理解幼儿园各领域教育之间的联系,注重各领域教育知识的整合。

4. 保教能力

能够依据《幼儿园教育指导纲要(试行)》和《3～6岁儿童学习与发展指南》,根据幼儿身心发展规律和学习特点,运用幼儿保育与教育知识,科学规划一日生活、科学创设环境、合理组织活动。具有观察幼儿、与幼儿谈话并能记录与分析的能力;具有幼儿园活动评价能力。具体要求如下。

4.1 [活动组织]能够根据幼儿身心发展规律与学习特点,科学规划一日活动,合理选择活动内容、确定活动目标、设计教育活动方案,学会运用各种适宜的方式实施保教活动。

4.2 [环境创设]能够创设安全、适宜、全面,有助于促进幼儿成长、学习、游戏的物质环境和心理环境。

4.3 [观察评价]会运用观察、谈话、作品分析等多种方法,科学地观察幼儿、与幼儿谈话并记录与分析评价幼儿的行为表现。能根据幼儿身心发展规律和学习特点对教育教学活动进行评价,指导下一步教育教学活动的开展。

5. 班级管理

掌握幼儿园班级的特点,建立班级秩序与规则,合理规划利用时间与空间,创设良好的班级环境,充分利用各种教育资源建立良好的同伴关系和师幼关系,营造良好班级氛围。为人师表,发挥自身的榜样作用。具体要求如下。

5.1 [常规管理]理解班级管理工作的重要性,掌握幼儿园班级常规管理要素、方法等知识,建立班级秩序与规则;能合理规划班级空间,开展班级常规管理工作。

5.2 [班级氛围]掌握建立良好班级氛围的方法,能够创设良好班级环境,充分利用各种教育资源,建立良好的同伴关系和师幼关系,营造良好班级氛围。具有良好的教师形象,能发挥教师的榜样示范作用。

6. 综合育人

了解幼儿社会性、情感发展的特点和规律,注重培育幼儿良好的意志品质和行为习惯。理解环境育人价值,了解园所文化和一日生活对幼儿发展的价值,充分利用多种教育契机对幼儿进行教育。综合利用幼儿园、家庭和社区各种资源全面育人。具体要求如下。

6.1 [活动育人]了解幼儿社会性、情感发展的规律和特点,理解活动育人的功能,掌握活动育人的方法,并据此合理设计活动主题、目标与内容,有效组织开展多样化活动,培养幼儿良好的学习品质和行为习惯。

6.2 [环境育人]理解环境育人价值,掌握环境育人的方法,创设有助于引发与促进幼儿成长的环境,能运用园所文化和一日生活中的多种教育契机对幼儿进行教育。

6.3 [协同育人]理解家园社区共育对幼儿发展的价值,掌握与家长、社区进行有效交流的渠道和方法,具备整合幼儿园、家庭与社区等教育资源的能力,能利用幼儿园、家庭和社区各种资源对幼儿实施全面教育。

7. 学会反思

具有终身学习与专业发展意识。关注幼儿园教育理论与实践热点问题,了解国内外学前教育改革发展动态,能够适应时代和教育发展需求,进行学习和职业生涯规划。初步掌握反思方法和技能,具有一定创新意识,运用批判性思维方法,学会分析和解决问题,不断改进保教工作。具体要求如下。

7.1 [职业规划]了解教师专业发展的核心内容、发展阶段与路径方法,形成专业发展意识,树立终身学习理念,把握国内外幼儿园教育改革前沿动态和发展趋势,能够制定专业学习和职业发展规划,能够在信息技术环境下开展自主学习。

7.2 [反思改进]理解教师是反思性的实践者,掌握教学反思的方法和策略,能够运用批判性思维方法分析和解决幼儿园教育教学中出现的问题,能够在教育教学实践活动中进行有效的自我诊断和改进,提出改进思路,获得教学反思体验。

8. 沟通合作

了解沟通交流的价值,掌握沟通交流的方法与技能,能与幼儿、家长、社区等进行有效沟通。理解学习共同体的特点与作用,掌握团队合作的技能,具有团队协作精神和小组互助和合作学习体验。具体要求如下。

8.1　[沟通交流]了解沟通交流的价值,掌握沟通交流的方法与技能,能与幼儿、家长、社区等保持良好沟通。

8.2　[团队合作]理解学习共同体的特点与作用,具有团队协作意识和精神,掌握团队协作技能,参与小组学习、专题研讨、团队互助、经验分享等协作活动,具有小组互助和合作学习体验。

毕业要求对培养目标进行支撑的矩阵见附表 1。

附表 1　毕业要求对培养目标进行支撑的矩阵

毕业要求		培养目标			
		目标 1	目标 2	目标 3	目标 4
践行师德	1. 师德规范	√		√	
	2. 教育情怀	√			√
学会教学	3. 保教知识		√		
	4. 保教能力		√		
学会育人	5. 班级管理		√	√	
	6. 综合育人	√		√	
学会发展	7. 学会反思			√	√
	8. 沟通合作			√	√

三、修业年限及授予学位

(1) 本专业基本学制 4 年。

(2) 学生修满 160 学分并符合学位授予条件,授予教育学学士学位。

四、主干学科

教育学、教育心理学。

五、核心课程

学前教育学、学前儿童发展心理学、中外学前教育史、学前卫生学、学前教育研究方法、幼儿园环境创设、幼儿园课程、幼儿园班级管理、学前儿童保育、幼儿园教育活动设计与实施、学前儿童健康教育、学前儿童语言教育、学前儿童科学教育、学前儿童艺术教育等。

六、各类课程学分、学时构成

各类课程结构及学分构成见附表 2;实践教学环节构成见附表 3。

附表2　各类课程结构及学分构成

学分学时及比例	合计	公共基础课程		专业基础课程		项目化教学课程				应用型课程	集中实践环节	
						应用型就业方向		应用型研究方向				
		必修课	选修课	必修课	选修课	必修课	选修课	必修课	选修课	选修课	必修课	选修课
学分	160	49	≥4	65	≥7	9	≥6	9	≥6	≤6	18	≥2
占总学分百分比(%)	100	30.63	2.50	40.63	4.38	5.63	3.75	5.63	3.75	—	11.25	1.25
学时	2486	966	64	1088	112	160	96	160	96	—	—	—
占总学时百分比(%)	100	38.86	2.59	43.76	4.51	6.43	3.85	6.43	3.74	—	—	—

附表3　实践教学环节构成

实践教学环节		学分	课内实践学时或周数	实践学分占比(%)	学期
实践课（实验＋实训）	公共基础课程	12.6	346	7.88	1～7
	专业课程	23.5	424	14.38	1～6
	项目化教学课程	7.5	120	4.69	5～6
	应用型课程	1.5	24	0.94	7
集中教育实践课程	教育见习Ⅰ	0.5	1 周	0.31	2
	教育见习Ⅱ	0.5	1 周	0.31	3
	教育研习Ⅰ	1	2 周	0.63	4
	毕业实习	6	一学期(18 周)	3.75	7
	教育研习Ⅱ	1	2 周	0.63	8
	学年论文或课程设计	1	2 周	0.63	3～6
	课程论文/教学设计				
	毕业论文（设计）	6	12 周	3.75	8
	创业技能培训	2	32 学时(1 周)	1.25	4
	科技活动实践	2	32 学时(1 周)	1.25	3～8
	社会实践				
	志愿服务				
	活动参与				
	竞赛成果				
合　计		65.1		40.69	

注:1. 实践教学环节中实践课部分包含实验课、实训课等。

2. 课内实践学分＝课内实践学时/16。

3. 实践学分占比＝实践教学学分/该专业总学分数。

七、毕业学分要求

修满规定学分,在知识掌握、能力培养和素质提升方面达到要求。毕业总学分达到 160 学分,必修课程 141 学分,选修课程 19 学分。其中,公共基础课程 53 学分,专业基础课程 72 学分,项目化教学课程 15 学分,集中实践课程 20 学分。毕业学分构成见附表 4。

附表 4 毕业学分构成

课程性质	公共基础课程	专业基础课程	项目化教学课程	应用型课程	集中实践课程	合计
必修课	49	65	9	0	17	141
选修课	4	7	6	0	2	19
合计	53	72	15	0	19	160

八、课程设置及教学进度表

(一)公共基础课程平台

公共基础课程共 53 学分,其中公共基础必修课程 49 学分,公共基础选修课程 4 学分。公共基础课程平台设置见附表 5。

附表 5 公共基础课程平台设置

课程结构		课程编号	课程名称	总学分	学分分配		周学时	总学时	学时分配		开设学期	考试方式	备注
					理论学分	实践学分			理论学时	实践学时			
公共基础课程	必修课	2320319001	思想道德与法治	3	2.5	0.5	3	48	40	8	1	1	
		2320319002	中国近现代史纲要	3	2.7	0.3	3	48	44	4	2	1	
		2320319003	马克思主义基本原理	3	2.7	0.3	3	48	44	4	4	1	
		2320319004	毛泽东思想和中国特色社会主义理论体系概论	3	2.5	0.5	3	48	40	8	3	1	
		2320319005	形势与政策Ⅰ	0.5	0.5	0	0.5	16	16	0	2	2	
		2320319006	形势与政策Ⅱ	0.5	0.5	0	0.5	16	16	0	4	2	
		2320319007	形势与政策Ⅲ	0.5	0.5	0	0.5	16	16	0	6	2	
		2320319008	形势与政策Ⅳ	0.5	0.5	0	0.5	8	16	0	7	2	
		2320329001	大学英语Ⅰ	3	3	0	4	48	48	0	1	1	
		2320329002	大学英语Ⅱ	3	3	0	4	48	48	0	2	1	
		2320329003	大学英语Ⅲ	3	3	0	4	48	48	0	3	1	
		2320329004	大学英语Ⅳ	3	3	0	4	48	48	0	4	2	

续表

课程结构		课程编号	课程名称	总学分	学分分配		周学时	总学时	学时分配		开设学期	考试方式	备注
					理论学分	实践学分			理论学时	实践学时			
公共基础课程	必修课	2320529001	信息技术与人工智能	2	1	1	2	32	16	16	1	1	
		2320539001	体育Ⅰ	1	0	1	2	32	0	32	1	2	
		2320539002	体育Ⅱ	1	0	1	2	32	0	32	2	2	
		2320539003	体育Ⅲ	1	0	1	2	32	0	32	3	2	
		2320539004	体育Ⅳ	1	0	1	2	32	0	32	4	2	
		2320749001	大学生心理健康	2	1.5	0.5	2	32	24	8	2	2	
		2320559001	军事课	4	2	2	—	148	36	两周折合112	1	2	
		2320559002	国家安全	1	1	0	2	16	16	0	1	2	
		2320319010	习近平总书记关于教育思想重要论述研究	1	1	0	2	16	16	0	5	2	
		2320319009	习近平新时代中国特色社会主义思想概论	3	2.5	0.5	3	48	40	8	4	1	
		2320239001	劳动教育Ⅰ	0.5	0.5	0	2	8	8	0	1	2	
		2320239002	劳动教育Ⅱ	1	0	1	2	24	0	24	6	2	
		2320649839	实验室安全	0.5	0.5	0	0.5	8	8	0	1	2	
		2320569001	大学生职业发展与就业指导Ⅰ	1.5	1	0.5	2	20	14	6	1	2	
		2320569002	大学生职业发展与就业指导Ⅱ	0.5	0	0.5	0.5	14	10	4	6	2	
		2320759001	创新创业概论	2	1.5	0.5	2	32	24	8	3	2	
			合　计	49	36.9	12.1		966	628	338			
	任意选修课	2320519001	汉语阅读与写作	2	1	1	2	32	16	16	1	2	
		2310519003-9	艺术欣赏	2	1	1	2	32	16	16	3	2	
		2320319011	中华优秀传统文化概论	1	1	0	2	16	16	0	2	2	
		2320319012	中华民族共同体概论	2	1.5	0.5	2	32	24	8	4	2	
		2320589001	文献信息检索	1	1	0	2	14	14	0	5	2	
备注			学生应在1~6学期完成公共基础选修课,最低4学分										

（二）专业课程平台

专业课程平台共 72 学分。其中,学科基础课程 10 学分,专业基础课程 55 学分,专业选修课程7学分。专业课程平台设置见附表6。

附表6 专业课程平台设置

课程结构		课程编号	课程名称	总学分	学分分配		周学时	总学时	学时分配		开设学期	考试方式	备注
					理论学分	实践学分			理论学时	实践学时			
专业基础课程	必修课	2320649801	教育学	2	2	0	2	32	32	0	1	1	
		2320649802	教育心理学	2	2	0	2	32	32	0	3	1	
		2320649804	学前教育学	2	2	0	2	32	32	0	2	1	
		2320649827	学前卫生学	2	2	0	2	32	32	0	2	1	
		2320649806	学前儿童发展心理学	2	2	0	2	32	32	0	2	2	
		2320649829	幼儿园课程	2	2	0	2	32	32	0	2	1	
		2320649803	教育统计与测量	2	2	0	2	32	32	0	6	2	
		2320649808	教师口语	2	0.5	1.5	2	32	8	24	1	2	
		2320649809	教师职业道德与礼仪	2	1	1	2	32	16	16	1	2	
		2320649807	中外学前教育史	2	2	0	2	32	32	0	5	1	
		2320649811	学前儿童健康教育	2	1	1	2	32	16	16	4	2	
		2320649812	学前儿童科学教育	2	1	1	2	32	16	16	4	2	
		2320649813	学前儿童社会教育	2	1	1	2	32	16	16	4	1	
		2320649814	学前儿童行为观察与引导	2	1.5	0.5	2	32	24	8	4	2	
		2320649815	学前儿童艺术教育	2	1	1	2	32	16	16	3	2	
		2320649817	学前儿童语言教育	2	1	1	2	32	16	16	4	1	
		2320649821	学前美术基础与创作Ⅰ（绘画）	2	1	1	2	32	16	16	1	2	
		2320649822	学前美术基础与创作Ⅱ（手工）	2	1	1	2	32	16	16	2	2	
		2320649823	学前美术基础与创作Ⅲ（环创）	2	1	1	2	32	16	16	3	2	
		2320649818	学前教师音乐基础Ⅰ（乐理/视唱）	3	1	2	4	64	16	48	1	2	
		2320649819	学前教师音乐基础Ⅱ（声乐/舞蹈/钢琴）	3	1	2	4	64	16	48	2	2	
		2320649820	学前教师音乐基础Ⅲ（声乐/舞蹈/钢琴）	3	1	2	4	64	16	48	3	2	
		2320649824	学前教育评价	2	1.5	0.5	2	32	24	8	3	2	

续表

课程结构		课程编号	课程名称	总学分	学分分配		周学时	总学时	学时分配		开设学期	考试方式	备注
					理论学分	实践学分			理论学时	实践学时			
专业基础课程	必修课	2320649825	学前教育研究方法	2	1.5	0.5	2	32	24	8	5	2	
		2320649826	学前教育政策与法规	2	2	0	2	32	32	0	3	2	
		2320649831	幼儿园班级管理	2	1	1	2	32	16	16	4	1	
		2320649832	儿童文学	2	1.5	0.5	2	32	24	8	5	1	
		2320649833	学前儿童心理健康与辅导	2	1	1	2	32	16	16	2	2	
		2320649844	学前儿童融合教育	2	2	0	2	32	32	0	5	2	
		2320649845	学前儿童家庭教育	2	1.5	0.5	2	32	24	8	6	2	
		2320649846	学前比较教育	2	2	0	2	32	32	0	5	2	
			合　计	65	44	21		1088	704	384			
	选修课	2320649903	儿童教育哲学	2	2	0	2	32	32	0	5	2	
		2320649907	教师书写技能训练（书写硬笔）Ⅰ	2	1	1	2	32	16	16	2	1	
		2320649908	教师书写技能训练（书写软笔）Ⅱ	1.5	0.5	1	1	24	8	16	3	1	
		2320649915	学前儿童数学教育	2	1	1	2	32	16	16	5	2	
		2320649918	婴幼儿营养学	2	2	0	2	32	32	0	6	2	
		2320649927	师幼互动方法与实践	2	2	0	2	32	32	0	4	2	
		2320649929	外国教育史	2	2	0	2	32	32	0	4	1	
		2320649930	幼儿园教育实践指导	2	2	0	2	32	16	16	4	2	
		2320649931	0～3岁婴幼儿保育教育	2	1.5	0.5	2	32	24	8	3	2	
		2320649933	自然科学知识基础	2	2	0	2	32	32	0	3	2	
		1920649934	幼儿园教育指导纲要及工作规程解读	1	1	0	2	16	16	0	5	2	
		1920649935	3～6岁儿童学习与发展指南解读	1	1	0	2	16	16	0	5	2	
备注			学生应在1～8学期完成专业拓展课，最低7学分										

（三）项目化教学课程平台

项目化教学课程平台共15学分。其中，必修课程9学分，选修课程6学分。项目化教学课程平台设置见附表7。

附表 7　项目化教学课程平台设置

课程性质			课程编号	课程名称	总学分	学分分配		周学时	总学时	学时分配		开设学期	备注
						理论学分	实践学分			理论学时	实践学时		
项目化教学课程（第五学期后分方向培养二选一）	应用型就业方向	必修课	2320649816	学前儿童游戏与指导	2	0.5	1.5	2	32	8	24	5	
			2320649828	幼儿园音乐活动教学实践	2	0.5	1.5	2	32	8	24	5	
			2320649830	幼儿园一日流程	3	1	2	4	48	16	48	6	
			2320649810	学前儿童保育	2	0.5	1.5	2	32	8	24	6	
				合　计	9	2.5	6.5		160	40	120		
		选修课	2320649938	幼儿园教育活动设计与指导	3	1	2	3	48	16	32	6	
			2320649901	奥尔夫音乐教育与实践	2	0	2	2	32	0	32	4	
			2320649902	儿童编程启蒙教育	2	1	1	2	32	16	16	6	
			2320649906	古筝美育	2	0.5	1.5	2	32	8	24	6	
			2320649909	蒙特梭利理论与实践	2	1	1	2	32	16	16	5	
			2320649912	托育机构课程设计与实施	2	1	1	2	32	16	16	5	
			2320649920	幼儿园家园共育工作指导	2	2	0	2	32	32	0	6	
			2320649932	学前非遗手工	2	1	1	2	32	16	16	5	
	备注			学生应在 4～8 学期完成项目化教学选修课，最低 6 学分									
	应用型研究方向		2320649830	幼儿园一日流程	3	1	2	4	64	16	48	6	
			2320649916	教育综合Ⅰ	3	3	0	3	48	48	0	5	
			2320649921	教育综合Ⅱ	3	3	0	3	48	48	0	6	
				合　计	9	7	2		160	112	48		
		必修课	2320238001	马克思主义哲学、政治经济学与科学社会主义概论	1	1	0	3	48	48	0	5	
			2320238005	英文阅读与写作Ⅰ	1	1	0	3	48	48	0	5	
			2320238006	英文阅读与写作Ⅱ	1	1	0	4	64	64	0	5	
			2320238007	马克思主义中国化、时代化的理论与实践	1	1	0	3	48	48	0	6	
			2320238008	大学英语阅读精讲教程Ⅰ	1	1	0	4	64	64	0	6	

续表

课程性质			课程编号	课程名称	总学分	学分分配		周学时	总学时	学时分配		开设学期	备注
						理论学分	实践学分			理论学时	实践学时		
项目化教学课程	应用型研究方向	必修课	2320238009	大学英语阅读精讲教程Ⅱ	1	1	0	4	64	64	0	6	
			2320238014	大学英语综合教程Ⅰ	1	1	0	4	52	52	0	7	
			2320238015	大学英语综合教程Ⅱ	1	1	0	4	52	52	0	7	
			2320238013	二战后国际格局演变与我国外交政策	1	1	0	3	39	39	0	7	
备注			学生应在4～8学期完成项目化教学选修课,最低6学分										

（四）应用型课程平台

应用型课程根据每学期实际项目进行项目遴选开设,对学时学分不作要求。应用型课程平台设置见附表8。

附表8　应用型课程平台设置

课程结构		课程编号	课程名称	总学分	学分分配		总学时	学时分配		开设学期	考试方式	备注
					理论学分	实践学分		理论学时	实践学时			
应用型课程	选修课	2320649904	儿童剧创编与表演	≤6	0	≤6	≤96	0	≤96	7	2	
		2320649911	师幼互动策略与应用	≤6	0	≤6	≤96	0	≤96	7	2	
		2320649917	幼儿手球游戏	≤6	0	≤6	≤96	0	≤96	7	2	
		2320649919	幼儿园环境创设	≤6	0	≤6	≤96	0	≤96	7	2	

（五）集中实践课程平台

集中实践课程平台共20学分。其中,必修课程18学分,选修课程2分。集中实践课程平台设置见附表9。

附表9　集中实践课程平台设置

课程结构		课程编号	课程名称	学分	周数/学时	开设学期	考核方式	备注
集中实践课程	必修课	2320649840	教育见习Ⅰ	0.5	1周	2	2	集中性实践教学
		2320649841	教育见习Ⅱ	0.5	1周	3	2	集中性实践教学
		2320649834	教育研习Ⅰ	1	2周	4	2	集中性实践教学
		2320649843	毕业实习	6	一学期	7	2	集中性实践教学
		2320649836	教育研习Ⅱ	1	2周	8	2	集中性实践教学

课程结构		课程编号	课程名称	学分	周数/学时	开设学期	考核方式	备注
集中实践课程	必修课	2320649837	学年论文或课程设计课程论文/教学设计	1	2周	3~6	2	集中性实践教学
		2320649838	毕业论文(设计)	6	12周	8	2	集中性实践教学
		2320649842	创业技能培训	2	32学时	4	2	专项实践活动
	选修课	2320649937	科技活动实践	2	32学时	3~8	2	2学分学生可在科技活动实践、社会实践、志愿服务、活动参与和竞赛成果中选修获得
		2320649922	社会实践					
		2320649923	志愿服务					
		2320649924	活动参与					
		2320649925	竞赛成果					
合 计				20				

第 三 章

学前教育专业课程知识建模

第一节　项目化教学课程知识图谱构建

一、项目化教学课程知识建模的整体思路

项目化教学课程知识建模的整体思路大致分为五步：第一步，召集课程组全体教师一起研讨，确定本门课程中要讲授的所有专业知识点，并将其罗列出来；第二步，针对罗列出来的每一个知识点，确定其知识类型，并标注在每一个知识点的后方（知识类型见下文）；第三步，把罗列出来的知识点清单转换到 Visio 绘图软件中，开始绘制知识建模图；第四步，确定各知识点之间的关系，并补充到知识建模图中；第五步，将知识建模图中的先决知识、核心知识等用不同的颜色进行标注。

二、知识建模准备工作

首先，组建团队，参与项目化教学课程及其对应专业基础课的所有教师要共同组建一个团队进行研讨，以确定哪些知识点是先决知识，哪些知识点在多门课程中重复出现，以及哪些知识点对项目化教学课程的支撑较少，等等。其次，要准备好与项目化教学课程相关的所有资料，包括教材、企业任务说明书、企业任务工单、视频学习资料、其他资料等。最后，建议所有教师携带笔记本电脑，并提前安装好 Visio 软件。

三、建模过程解析——以项目化教学课程"幼儿园一日流程"为例

（一）课程概况

该项目化教学课程以幼儿园真实的岗位任务，即一日流程的十个环节（早间接待，早间坐圈，用餐，如厕、洗手、饮水，教学，户外活动，午睡，点心，自由活动，离园）为子项目，确立了"43 项基本任务""100 条工作标准"，将相关课程理论知识有机整合在其中，参见图 3-1。通过发布任务，让学生开展自主学习和小组合作学习。通过校内实训教学和校外实践教学，强化学生的岗位实操能力、分析问题和解决问题能力、教研能力，树立"以儿童为本""寓教育于生活""以游戏为基本活动"的教育理念，增强专业自信和职业认同感。

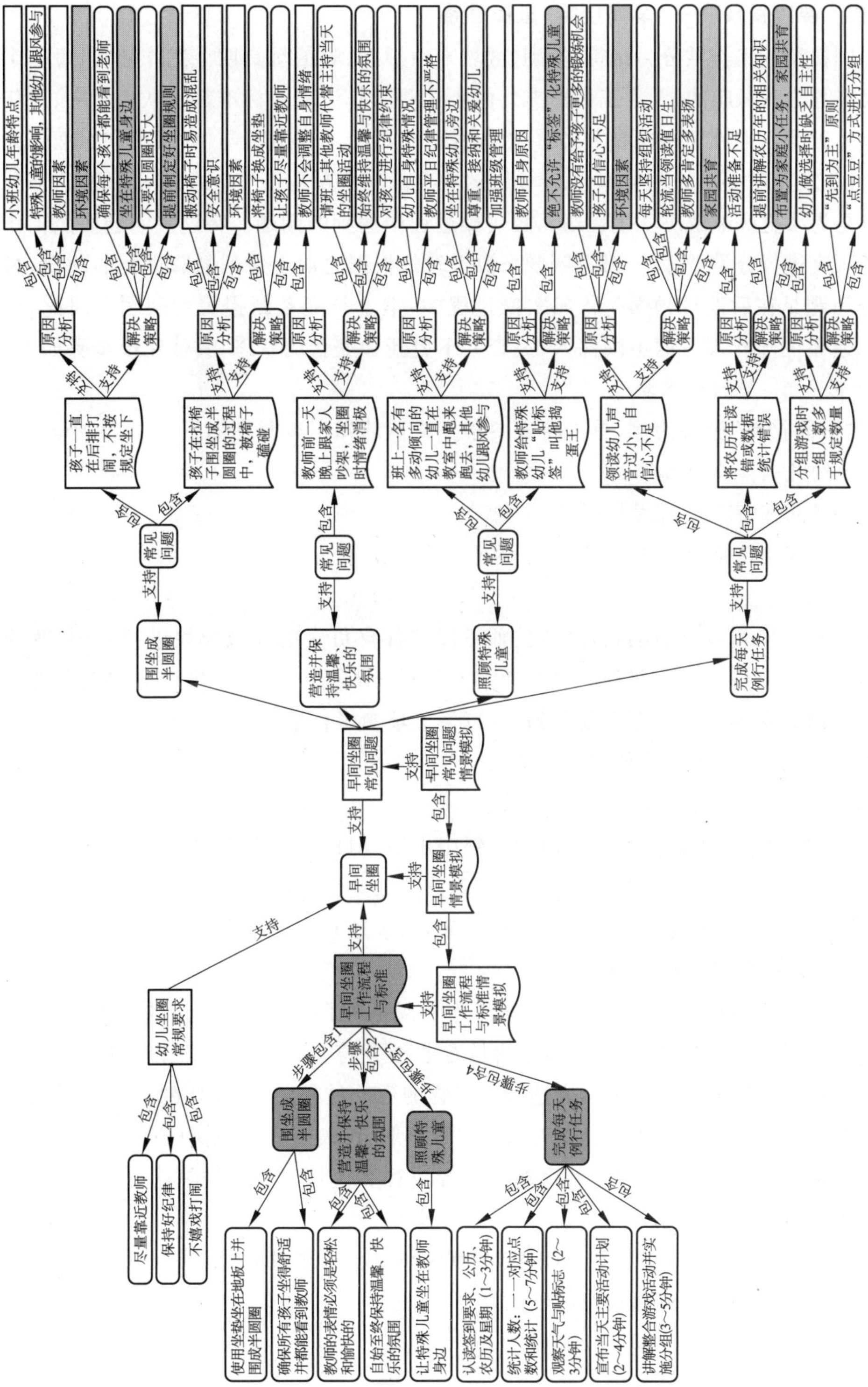

図 3-1　"早间坐圈"模块知识建模图

（二）课程模块——"早间接待"建模思路

早间接待的工作共分为接待、签到、区域自由活动、收拾玩具四个工作流程,每一个流程又有与之相对应的 13 条工作标准。由于这些工作流程和标准都是从大学一、二年级专业基础课当中梳理和提取出来的,因此我们将四个工作流程与 13 条工作标准作为前置知识,放在建模图的左半部分;建模图的右半部分主要是工作中的常见问题,这部分知识点是为了更好地解决学生在幼儿园实操过程中遇到的问题。将这些问题按照工作流程的顺序进行分类整理:一部分问题来源于教师根据之前上课的经验进行的预设;另一部分问题是在后期带领学生入园实操过程中,学生补充及新提出的问题。因此,整张知识建模图随着课程的不断深入,一直处于更新和完善的状态,具体建模步骤如下。

1. 第一步:罗列知识点

以"早间接待"模块为例,首先将需要学生掌握的知识点罗列如下。

（1）幼儿入园常规要求。

（2）早间接待工作流程与标准。

（3）早间接待常见问题、问题产生的原因及解决策略。

……

知识点的罗列要全面细致,团队教师可以按各自负责的任教模块进行罗列,罗列完成后要共同商讨、补充;罗列时要参考多本教材,结合岗位能力,最后将知识点进行取舍。如何确定哪些知识点需要罗列,有以下五项参考标准。

第一,知识点应该是某种学习的结果。

第二,列出不在教学资料的先决知识。

第三,尽管有些知识点并未在教学材料中出现,但仍需要学生掌握。

第四,如果不确定是不是知识点,只要团队达成共识也可以。

第五,有可能不能完全将知识点罗列出来,后续还有机会补充。

2. 第二步:确定知识类型

该模块知识建模图包含工作流程与工作常见问题两个主要部分。☐"长方形"代表本模块的陈述性知识（DK）,表达的是专业相关符号、概念、原理和公式等;⬭"胶囊形"代表程序性知识（PK）,表达的是实物的运动过程、某种操作的步骤序列或在处理工作中某一个问题时的解决策略;▱"旗帜形"代表事实和范例（FC）,如方案、产品、现象、事实、问题、案例、例子及命题的推导过程和论证过程,这类知识代表着特定的现实及知识的运用。示例如下。

确定"幼儿园一日流程"中"早间接待"模块知识点和知识类型。

（1）早间接待工作流程与标准（DK）;

（2）签到（DK）;

（3）区域自由活动（DK）;

（4）收拾玩具（DK）；

（5）微笑，称呼姓名，蹲下身热情拥抱，与家长说再见（PK）；

（6）与幼儿进行个性化互动（PK）；

（7）与家长交流，同时照看幼儿（PK）；

（8）维护设备，自主签到（PK）；

（9）正楷字写出签到提示，标识符合幼儿的年龄水平（PK）；

（10）在开放区角进行自由活动，并将开放区域写在提示板上（PK）；

（11）区角张贴规则，持续纪律约束，直到养成习惯（PK）；

（12）区域整洁有序，玩具和材料随时处在"有准备"状态（PK）；

（13）播放规定音乐实施潜课程（PK）；

（14）以轮换方式实施"值日生"制度（PK）；

（15）以"预警"方式指示幼儿结束自由活动（PK）；

（16）耐心等待，直到幼儿将所有玩具归位和开放区收拾完毕（PK）；

（17）为幼儿提供必要的帮助（PK）；

（18）小班幼儿入园时一直哭闹，分离焦虑严重（FC）；

（19）幼儿入园时携带危险物品（如小弹珠）（FC）；

（20）玩具掉落一地无人问津，声音吵闹（FC）；

（21）幼儿争抢玩具（FC）；

（22）幼儿沉浸在游戏中，不收拾玩具（FC）；

（23）部分幼儿还没收拾完玩具就出来了（FC）。

3. 第三步：确定知识点之间的关系

知识点之间有九种语义逻辑关系：各类包含、组成/构成、是一种、具有属性、具有特征、定义、并列、是前提、支持。根据本模块知识点之间的关系，将逻辑关系标注在知识建模图中箭头横线的上方（参见图3-2）。需要注意的是，必须标出所有的知识点之间的关系，原则上禁止出现孤立结点，最终的知识建模图是一种共创和共识的结果。

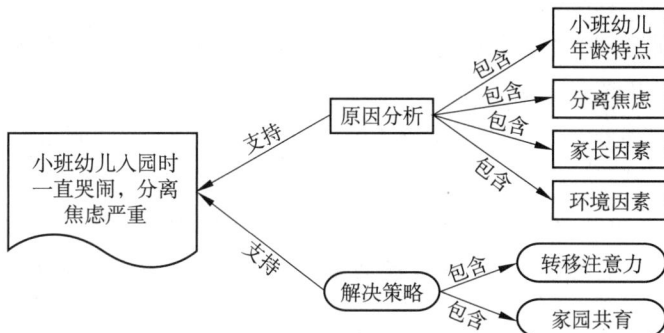

图 3-2　知识点关系的标注图

4. 第四步:绘制知识建模图

首先,打开 Visio 软件,选择"空白绘图",点击"创建",在左侧"形状"面板,依次点击"更多形状""流程图""基本流程图形状",然后按住鼠标左键将左侧的基本形状拖至右侧的绘图区域,开始建模。

其次,在软件上方命令面板中找到"连接线",将各个知识点相连,并标注各个知识点之间的关系,即"包含""支持""组成"等。

最后,需要注意的是,为了使整张图导出时字体更加清晰且容易辨认,最好将字体大小设置为"12"左右,或将字体加粗。

5. 第五步:优化与定稿

每位教师做好知识建模图后,交由另外 1~2 位教师进行检查,直到达成共识,该门课程的知识建模图建立完毕后,汇总并输出文档。将"核心知识点"标注为红色,将"先决知识"标注为绿色,将"核心的结构化知识框架"标注为绿色。

第二节　专业基础课程知识图谱构建

"学前教师音乐基础"是一门学前教育专业本科学生必修的专业基础课,旨在使学生掌握基本的音乐理论知识,获得开展幼儿园音乐活动必备的基础音乐技能,包括儿歌演唱与表演创编能力、幼儿舞蹈表演与律动创编能力、器乐演奏与伴奏编配能力。本课程直接支撑项目化教学课程"幼儿园音乐活动教学实践"中的幼儿园歌唱活动、韵律活动、奏乐活动教师示范部分,为项目化教学实践的顺利开展提供音乐基本知识和基础技能的支撑。

一、罗列知识点

以"儿歌演唱与表演创编"模块的一节课——中班儿歌《雨点跳舞》为例,这节课需要学生掌握的知识点包括七个部分,分别是节奏型、曲式结构、节奏组合、旋律视唱、歌词特点、拍号、演唱技巧。

在节奏型部分,学生需要掌握二分音符、四分音符、二八节奏的简谱记法、附点四分节奏和柯达伊节奏读法。

在曲式结构部分,学生需要运用乐句划分的基本方法,将中班儿歌《雨点跳舞》划分为 6 个乐句,分别是"小雨点在草地上跳舞,滴答滴答。""小雨点在屋顶上跳舞,滴答滴答。""小雨点在荷叶上跳舞,滴答滴答。""小雨点在池塘里跳舞,滴答滴答。""啦啦啦啦啦啦啦,啦啦啦啦啦啦啦。""滴答滴答滴答,滴答滴答滴答,滴答滴答滴答,滴答滴答。"

在节奏组合部分,学生需要认读由二分音符、四分音符、二八节奏、附点四分节奏构成的节奏组合,并运用蛋糕点数法进行节奏念打。

在旋律视唱部分,学生需要分析中班儿歌《雨点跳舞》的旋律特点,包括"第4乐句的前两小节旋律一样""第1和第4乐句的旋律完全一样""第2、第3乐句后3小节的音越来越高,均为二度下行或三度下行。"之后,边唱旋律边做柯尔文手势。

在歌词特点部分,学生需要分析歌词的特点,包括"拟人化手法""讲述了小雨点在草地、屋顶、荷叶、池塘跳舞的场景""生动形象、活泼有趣"。

在拍号部分,学生需要知道四三拍的简谱记法和强弱规律,并运用身体打击乐,通过"在强拍拍手1次""在弱拍拍腿2次"的方法,感知并表现四三拍的强弱规律。

在演唱技巧方面,学生需要掌握连奏唱法和断奏唱法,并通过单人律动、双人律动,明晰儿歌《雨点跳舞》的唱法处理。

在以上知识点中,"先决知识"有"二分音符""四分音符""二八节奏""附点四分节奏""乐句划分的方法""节奏组合念读的方法""旋律分析的方法""歌词分析的方法""四三拍的特点"。

二、确定知识类型

梳理好知识点之后,确定知识类型:"二分音符""四分音符""二八节奏的简谱记法""附点四分节奏"和"柯达伊节奏读法"是陈述性知识;"中班儿歌《雨点跳舞》"是事实范例;"曲式结构"是陈述性知识;"由二分音符、四分音符、二八节奏、附点四分节奏构成的节奏组合"是陈述性知识;"节奏识读"和"节奏念打"是程序性知识;"蛋糕点数法"是认知策略;"中班儿歌《雨点跳舞》的旋律特点"是陈述性知识;"边唱旋律边做柯尔文手势"是程序性知识;"中班儿歌《雨点跳舞》的歌词特点"是陈述性知识;"四三拍的简谱记法和强弱规律"是陈述性知识;"强拍:拍手1次""弱拍:拍腿2次"是程序性知识;"身体打击乐"是认知策略;"连奏唱法""断奏唱法"是陈述性知识,"单人律动""双人律动"是程序性知识。

三、绘制知识图谱

根据划分的知识类型,按照课堂中知识点讲授的先后顺序,布局知识建模图,并在Visio软件上进行绘制(如图3-3所示)。在本节课中,应先分析中班儿歌《雨点跳舞》的节奏型及曲式结构,因此将节奏型绘制在建模图的左侧区域,按照顺时针方向排列,再绘制曲式结构部分,之后依次是节奏组合、旋律视唱、歌词特点、拍号、演唱技巧。中班儿歌《雨点跳舞》是贯穿本节课始终的案例,因此将其放在建模图最中央的位置。

四、标注知识点之间的关系

将梳理出的每个知识点都绘制在知识建模图之后,开始依次标注知识点之间的关

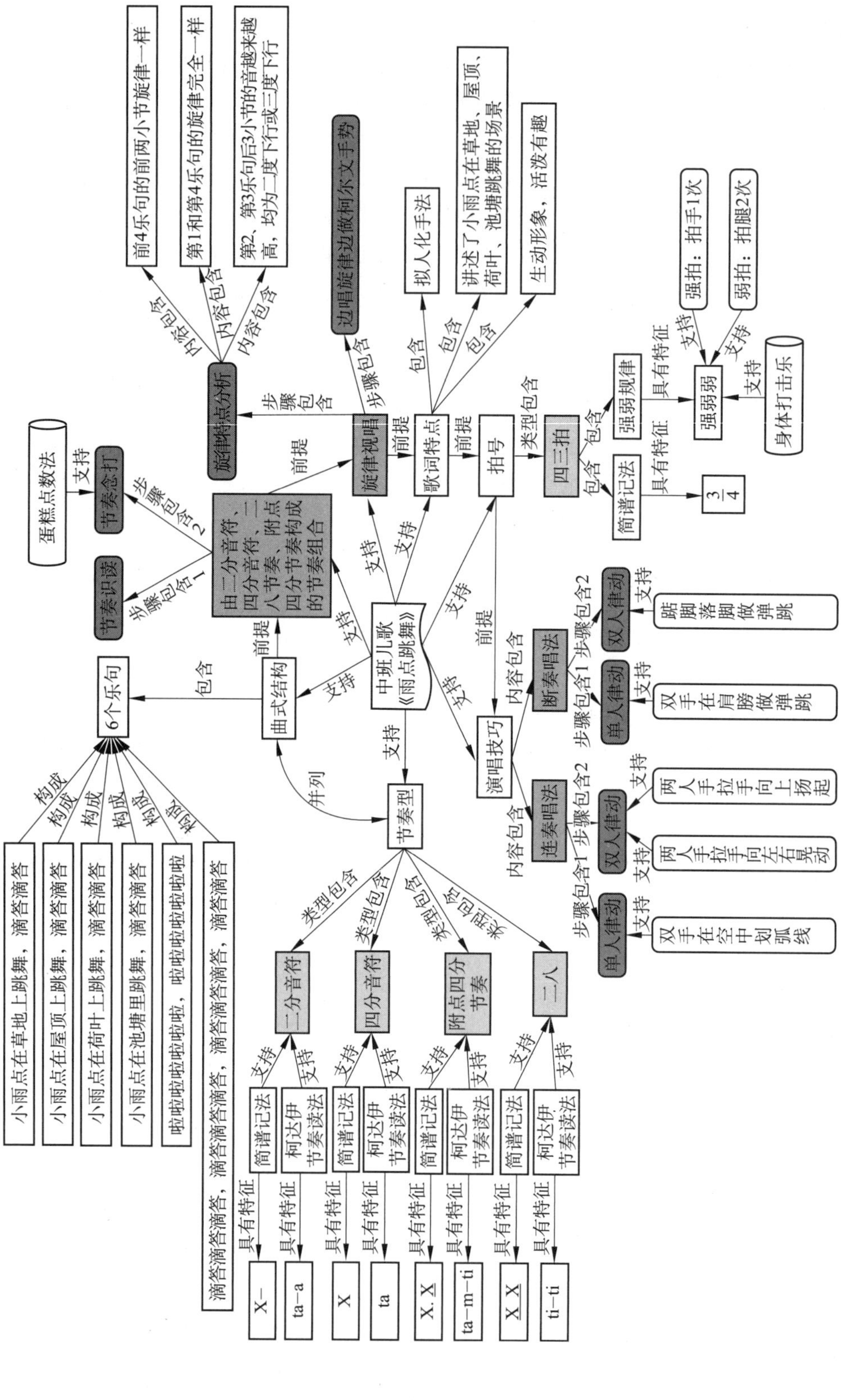

前4乐句的前两小节旋律一样

第1和第4乐句的旋律完全一样

第2、第3乐句后3小节的音越来越高，均为二度下行或三度下行

边唱旋律边做柯尔文手势

拟人化手法

讲述了小雨点在草地、屋顶、荷叶、池塘跳舞的场景

生动形象，活泼有趣

强拍：拍手1次

弱拍：拍腿2次

强弱弱规律

身体打击乐

旋律特点分析

旋律视唱

歌词特点

拍号

四三拍

简谱记法

$\dfrac{3}{4}$

蛋糕点数法

节奏念打

节奏识读

由二分音符、四分音符、附点四分人音符节奏构成的节奏组合

曲式结构

中班儿歌《雨点点跳舞》

演唱技巧

断奏唱法

连奏唱法

双人律动

单人律动

双人律动

单人律动

跺脚落脚做弹跳

双手在肩膀做弹跳

两人手拉手向上扬起

两人手拉手向左右晃动

双手在空中划弧线

6个乐句

节奏型

二分音符

四分音符

附点四分节奏

二八

小雨点在草地上跳舞，滴答滴答

小雨点在屋顶上跳舞，滴答滴答滴答

小雨点在荷叶上跳舞，滴答滴答滴答

小雨点在池塘里跳舞，滴答滴答滴答

啦啦啦啦啦啦啦，啦啦啦啦啦啦啦

滴答滴答滴答，滴答滴答滴答滴答

简谱记法　柯达伊节奏读法

简谱记法　柯达伊节奏读法

简谱记法　柯达伊节奏读法

简谱记法　柯达伊节奏读法

X −　ta−a

X　ta

X. X　ta−m−ti

X X　ti−ti

图3-3　中班儿歌《雨点点跳舞》知识建模图

系。节奏型包含"二分音符""四分音符""二八节奏""附点四分节奏";"节奏型"与"曲式结构"是并列关系;儿歌《雨点跳舞》的曲式结构包含 6 个乐句,分别由"小雨点在草地上跳舞,滴答滴答。""小雨点在屋顶上跳舞,滴答滴答。""小雨点在荷叶上跳舞,滴答滴答。""小雨点在池塘里跳舞,滴答滴答。""啦啦啦啦啦啦啦,啦啦啦啦啦啦啦。""滴答滴答滴答,滴答滴答滴答,滴答滴答滴答,滴答滴答。"构成;节奏组合的念读步骤包括"节奏识读"和"节奏念打";"蛋糕点数法"是支持学生进行准确"节奏念打"的方法;掌握"节奏型"和"曲式结构"是进行节奏组合念打的前提;"旋律视唱"包含"旋律特点分析"和"边唱旋律边做柯尔文手势"两个步骤;"节奏组合念打"是"旋律视唱"的前提;"歌词特点"包含"拟人化手法""讲述了小雨点在草地、屋顶、荷叶、池塘跳舞的场景""生动形象、活泼有趣";"旋律视唱"是"歌词特点"分析的前提;"拍号"类型包含"四三拍";"四三拍"学生需要掌握的内容包含"简谱记法"和"强弱规律";"四三拍"的"强弱规律"是"强弱弱",是其具有的特征;"身体打击乐"对学生感知"强弱规律"起支持作用;儿歌《雨点跳舞》需要学生掌握的演唱技巧包含"连奏唱法""断奏唱法";"双手在空中划弧线"的"单人律动",以及"两人手拉手向左右晃动""两人手拉手向上扬起"的"双人律动"支持学生掌握"连奏唱法";"双手在肩膀做弹跳"的"单人律动",以及"踮脚落脚做弹跳"的"双人律动"支持学生掌握"断奏唱法"。

至此,按照"罗列知识点—确定知识类型—运用 Visio 软件绘制知识建模图—标注知识点之间的关系—项目组教师团队讨论并达成共识"五个步骤完成一节课知识建模图的绘制。

第 四 章

基于 OBE 理念的教学设计

第一节　以项目化教学为核心的教学设计思路

一、项目化教学课程实施背景

项目化教学课程改革的目的是提高学前教育专业的人才培养质量,使之满足社会的岗位需求。2019 年,我院开始项目化教学课程的改革,学前教育专业教师全部参与其中,通过几轮的探索实践,在课程的设计、实施、考核、评价等环节积累了一定的经验。根据岗位需要,重设人才培养体系,使得人才培养质量不断提高。经过近五年的课程实践探索,学前教育专业构建了可行、可控、可测的项目化教学课程实施模式。

二、项目化教学课程实施的主要做法

第一,构建"一体化、二平台、三开放"实践教学体系,解决了教学过程中如何提高学生实践能力的问题。

我们的目标是全面构建一套"以工作过程为导向、以岗位要求为抓手、以幼儿园工作流程为核心"的新课程体系。为此,我们精心设计了课程项目训练、专业课程资源库、"四步走、四进入"(观察、见习、实习、研习;学生入园、教师入园、企业导师入校,学前专家入校)的实践教学环节,形成了教学、学、做"一体化"的实践教学体系,实现了学前教育专业实践资源、教师资源的合理共享及实践教学环节的统一监控。按照项目化教学课程内容改革的要求,构建基础课程实践与专业训练平台、综合实践与创新训练平台双线并行的实践教学"二平台"。学前教育专业与河南省实验幼儿园、郑州市实验幼儿园、花溪路幼儿园等幼儿园合作,在课程开发、教学设计、教学过程、考核评价等方面,全方位体现校企合作的开放性。

第二,按照"工作项目转化为教学项目、师生职业角色转换、岗位质量控制转化为教学质量控制"的方法,构建全新的课程体系,从而全面培养学生的职业能力和职业素养。

第三,"以项目为载体,以行动为导向"设计项目实施流程和单元教学实施流程,解决了项目化教学课程教学实施环节的落实问题。

以"幼儿园一日流程"课程为例,该项目化教学课程以幼儿园真实的岗位任务,即一日流程的十个环节(早间接待,早间坐圈,用餐,如厕、洗手、饮水,教学,户外活动,午睡,点心,自由活动,离园)为子项目,确立了"43 项基本任务""100 条工作标准",将相关课程理论知识有机整合在其中(综合性),通过发布任务,让学生开展自主学习和小组合作学习。通过校内实训教学和校外现场教学,强化学生的岗位实操能力、分析问题和解决问题能力、教研能力,树立"以儿童为本""寓教育于生活""以游戏为基本活动"的教育理念,增强专业自信和职业认同感。通过项目化的教学实施流程,提高学生自学、自查、自评和交流协作的能力。

第四,通过不同实施环节和情境设计多角色转换体验,学生能够全面体验、体会职场的多方面能力要求,进而挖掘个人的发展优势,做到个性化发展。

每个项目都根据幼儿园实际工作中的人员组成设计了相应的岗位,如主班教师、配班教师、保育员等。根据学生抽签结果进行岗位角色分配,进行分工协作,同时,为了更多、更好地体验不同岗位的工作要求,在不同的任务或者项目中,部分岗位进行轮换。

第五,依据"可用、可视、可测"的标准,建立项目化教学课程实施和管理文件,解决项目化教学课程质量有效监控的问题。

教学管理文件和项目实施管理文件的制定,量化了项目化教学课程实施过程,使之可视、可测,并通过反复实施、反馈修改,切实有效地将其应用到实际中,用于指导和管理教学过程。

三、项目化教学课程实施的成效

(一)为项目化教学课程实施提供构建思路及模式指导

"一体化、二平台、三开放"的实践教学体系为项目化教学课程教学的实施提供了基本思路,构建了新的实践平台,提出了建设目标,使项目化教学的实施更能满足新形势下学前教育人才培养的要求。

(二)为教学实施管理提供文档模板,建立实施、管理、考核、评价系统文档体系

通过几年的课程开发和实践,形成岗位调研报告、任务单、课程考核标准、实践报告等规范文档。这套相对完善的材料,对每门课程都设定了具体细化的要求和考核指标,也使课程实施质量有了可考核性和可控性。

(三)提高了学生的学习能力和专业能力

通过项目化教学课程实施,学生成了教学活动的主体,学生主动学习的积极性得到了提高,学习能力和专业能力进一步提升,学生职业技能鉴定通过率始终保持在98%以上,且在省市各级大赛中屡创佳绩。

四、项目化教学课程实施的主要创新点

首先,创新实践教学体系。提出了"一体化、二平台、三开放"的项目化教学体系建

设思路,学生可在该模式下得到柔性培养,全面锻炼岗位能力。

其次,完善教学实施过程。从整体框架到具体单元,都制定了基于工作过程的、通用的、完善的教学方案,力求其更加贴近实际,更加理想。

再次,多角色转换提供全方位的职业技能学习体验。在项目实施不同环节中,同一个体进行不同角色的扮演,从不同的岗位角度,为学生提供多样的职业能力训练体验与职业素质养成机会,从而发掘个体的特长,推动个性化发展。

最后,借鉴幼儿园岗位实施管理中文档建设的思路,建立一套"可复制、可传承、可推广"的文档体系,使项目化教学课程教学实施和管理更加规范化,质量更为可控。

第二节 项目化教学课程教学设计实例

一、项目化教学课程"中外学前教育史"教学设计实例

(一)课程简介

项目化教学课程"中外学前教育史"将《中国教育史》和《外国教育史》两本教材的内容按照"教育史人物""教育思潮""教育政策法规"三大模块进行知识梳理,明确以学生为中心、以目标为导向、以学生学习效果为标尺的教学思路,打造适应本校学前教育专业学生的学习体系。教师在教学过程中注重训练学生的自学能力,按照教育史"人物表格化""事件轴形化"的方式进行知识梳理与学习,运用绘制时间轴、梳理人物表格、教育思潮树状图等学习策略帮助学生学习。学生在学习过程中掌握了教育史知识点的梳理方法,夯实了理论基础,熟练掌握了教育史的知识点,在教育学考研中通过专业课考试,最终使本校选择升学类课程体系的学生顺利通过教育学研究生考试。

本课程的素养目标是帮助学生了解中国古代的历史与文化,激发学生身为华夏民族的自豪感,并培养他们的爱国主义情怀,具体教学内容参见表4-1和表4-2。

表4-1 "中外学前教育史"课程大纲

课程代码:kg2022sx13　　课程名称:中外学前教育史
授课教师:翟天园、张延昭　　上课周次及时间:第1～第16周(共16周);周一1～2、3～4节(共4节)

课程性质	专业基础课	学时	32	学分	2	授课班级	B211、B212
项目来源	① 企业研发类项目 ② 岗位典型任务和研发类项目相结合 ③ 岗位典型任务 ④ 课程领域真实应用案例(仿真模拟) ⑤ 岗位任务真实应用案例(仿真模拟)						

课程目标	① 通过系统化的课程设计,本着"保底为主,高分为辅"的原则,能够在教育学考研中通过专业课考试,保障选择升学类课程体系的学生顺利通过研究生考试 ② 明确以学生为中心、以目标为导向、以学生学习效果为标尺的教学思路,打造适应本校本专业学生的学习体系;系统调研,深入分析,建设本校学生的考研试题库 ③ 整合资源,建立线上线下混合式教学平台。针对性地帮助学生解决考研过程中出现的困惑,缓解学生在考研过程中出现的焦虑感,树立起考研自信心
课程内容	中外学前教育史课程的三大模块 模块一:人物篇 ① 古希腊和古罗马的教育理论(苏格拉底、亚里士多德) ②《学记》的教育教学思想 ③ 中国古代私学的发展轨迹(百家争鸣:孔子、孟子、荀子、墨子、老子及法家代表人物等) ④ 汉代董仲舒、王充的教育思想 ⑤ 中国明清之际启蒙教育思想 ⑥ 宋明理学家朱熹、王守仁的主要教育观点 ⑦ "中体西用"思想与张之洞的《劝学篇》 ⑧ 蔡元培的民主教育思想 ⑨ 陶行知、张雪门、陈鹤琴的教育思想 ⑩ 杜威、夸美纽斯、卢梭、裴斯泰洛齐的教育思想 ⑪ 赫尔巴特、福禄贝尔的教育思想 模块二:制度篇 ① 古代学校教育制度的发展 ② 中国封建官学制度的演变 ③ 中国先秦时期儒家的教育主张 ④ 科举制度的兴衰及影响 ⑤ 清末新政时期的教育变革 ⑥ 近代教育的起步 ⑦ 中国现代化教育制度的建立和发展 ⑧ 东方文明古国的教育(古代巴比伦、古代埃及、古代印度) ⑨ 古希腊、古罗马、西欧中世纪、拜占庭与阿拉伯的教育 ⑩ 世界各国资本主义教育制度的发展 ⑪ 欧美主要国家和日本近代教育制度 ⑫ 西欧近代教育思想 模块三:思潮篇 ① 西欧中世纪时期的教育演变及其特点 ② 西欧近代教育思想 ③ 苏联的教育思想 ④ 中国现代主要教育思想 ⑤ 欧洲资产阶级的教育理论 ⑥ 西方的现代教育理论 ⑦ 现代欧美教育思潮

先修课程	专业基础课程:教育学、教育心理学
学习成果	① 考研真题"错题集";② 课程论文;③ 学习笔记;④ PPT
教学方法 (或学习方法)	☑讲授　☑小组讨论　☑答疑　☑实验　☑实训　☑自主学习　☐其他 (请填写)举例示范法、地图分析法、电影观赏法
后衔接课程	项目化教学课程:教育综合
课程资源	课上资源 (教材)《中国教育史》(孙培青)、《外国教育史教程》(吴式颖) (作业)课前运用学习中心进行检测 (作业)课堂汇报、展示学习成果及学习资源 (作业)学生提交个人书写的学习成果 (作业)考研真题本章节知识生成的错题集 (教辅工具)学生课堂汇报等(含问题处理)评分表 (教辅工具)学习中心的文本资源及视频资源 课下资源 (教辅工具)学生课堂汇报(含问题处理)评分表 (教辅工具)学习中心的文本资源及视频资源;往届学生上传的资料与错题汇集 (网络平台)如小红书、抖音等 App,"哔哩哔哩"网站的教育学考研博主等 (学术网站)知网、维普、万方等 (参考书)《外国学前教育史》(周采)、《外国教育通史》;自主命题院校的真题汇集及参考资料;311 教育学统考近十年真题汇集等
课程评价方式	**"中外教育史"项目化教学评价方案** 总评成绩＝过程考核×40％＋结项考核×60％ 过程考核占 40％,100 分 ① 出勤(10％):共 100 分,评分标准如下:迟到扣 2 分,早退扣 5 分,请假扣 　1 分,旷课扣 10 分 ② 观看线上教学资源情况(2％)10 分×10 个,共 100 分,评分标准如下:全部 　看完计 10 分,未看完计 5 分,完全未看计 0 分 ③ 学习笔记与反思(2％)10 分×10 个,共 100 分,评分标准如下:提交即可得 　10 分,未提交计 0 分 ④ 小组汇报 10 分×10 次(3％),共 100 分,评分标准如下:根据小组汇报质量 　进行打分,共 10 分/课 a. 体现出较强的参与度,且发挥学生创造性(4 分) b. 完成作业至少 3 次优秀,且科学合理,具有可操作性(6 分) ⑤ 小组"问题集"(3％)10 分×10 个,共 100 分,评分标准如下 a. 问题集包含中外教育史全部章节(5 分) b. 每个章节至少三个常见问题(15 分) c. 多角度分析问题,每个问题的原因分析至少两条且合理(20 分) d. 多方面提出解决策略,针对不同类型的问题能够有针对性地提出解题方式, 　每个问题的解决策略至少三条且具有操作性、科学严谨(30 分) e. 课下参阅文献资料充分,信息量大,有较大参考价值(20 分)

课程评价方式	⑥ 个人或小组积分(10%),包括课堂回答问题、小组汇报发言、复盘发言、线上讨论等,共 100 分,积分制度与规则如下 a. 正常情况下,每组每次每人积 2～5 分,如课堂回答问题、小组汇报发言、复盘发言、线上讨论 b. 主动回答问题加 2 分,被动回答不加分 c. 小组加分可以直接加在每个小组成员的积分上 d. 有临时任务安排的,根据情况加分,每次每人不超过 5 分 e. 小组长、学委做好加分记录,至少每周公示 1 次 f. 做出突出贡献的学生和承担重要角色的学生(小组长、学委、班长等),根据贡献量酌情加分 ⑦ 线上测验(10%):10 分×10 次,共 100 分,系统自动出分 结项考核占 60%,100 分 《中外教育史》模拟试卷(一)(10%) 《中外教育史》期末考核试卷(50%) 学生成果如下 小组成果 1:汇报 PPT、纸质版作业、精品视频 小组成果 2:问题方案集锦 个人成果:学习心得总结"锦囊" 激励评价:颁发电子证书(五星评价) (90～100 分为优秀,80～89 分为良好,70～79 分为中等,60～69 分为合格,60 分以下为不合格)

表 4-2 "中外学前教育史"教学进度计划表

层次:本科　　年级班级:B211-B212　　课程名称:中外学前教育史　　任课教师:翟天园
上课周数:16　　每周学时:2　　　　共计学时:32　　　　　　联系方式:138×××7955

时间	讲授内容 按照教学大纲写明具体 的教学内容 (不能只写章节)	教学实践活动 社会调查/ 课堂讨论/ 实习参观	课外作业 习题的题目与数量
第 1 周 (2 月 26 日 至 3 月 4 日)	专题一:认识教育史 ① 了解教材 ② 学习历史的方法与意义 ③ 中外教育史在教育学考研中的地位与作用	① 课堂演练 ② 问题答疑 ③ 案例分析 ④ 学生点评	① 观看学习中心视频资源 ② 了解教育学考研 333 考试学科的构成 ③ 阅读教材、课下教辅书籍 ④ 历年考研涉及的真题梳理
第 2 周 (3 月 4 日 至 3 月 10 日)	专题一:从非形式化教育向形式化教育的转化(中国部分) ① 非形式化教育与形式化教育 ② 学校产生的历史条件	① 课堂演练 ② 问题答疑 ③ 案例分析	① 撰写个人对于史前教育的理解,并思考学校的产生与起源受到哪些因素的影响 ② 观看学习中心视频资源 ③ 了解教育学考研 333 考试学科的构成

续表

时　　间	讲授内容 按照教学大纲写明具体 的教学内容 （不能只写章节）	教学实践活动 社会调查/ 课堂讨论/ 实习参观	课外作业 习题的题目与数量
第2周 （3月4日 至3月10日）	③ 奴隶制社会主要国家（中国、古希腊、古罗马等）的学校教育	④ 学生点评	④ 阅读教材、课下教辅书籍 ⑤ 历年考研涉及的真题梳理 ⑥ 研读教材组思维导图 ⑦ 学习中心真题练习 ⑧ 错题集整理
第3周 （3月11日 至3月17日）	专题二：古代教育理论的奠基（中国部分） ① 中国古代时期儒家的教育主张 ② 中国先秦时期儒家的教育主张	① 课堂演练 ② 问题答疑 ③ 案例分析 ④ 学生点评	① 了解教育学考研333考试学科的构成 ② 阅读教材、课下教辅书籍 ③ 历年考研涉及的真题梳理 ④ 研读教材组思维导图 ⑤ 课堂交流与汇报 ⑥ 学习中心真题练习 ⑦ 错题集整理
第4周 （3月18日 至3月24日）	专题三：古代学校教育制度的发展（中国部分） ① 中国封建官学制度的演变 ② 中国古代私学的发展轨迹（百家争鸣：孔子、孟子、荀子、墨子、老子及法家代表人物等） ③ 科举制度的兴衰及影响	① 课堂演练 ② 问题答疑 ③ 案例分析 ④ 学生点评	① 阅读教材、教辅书籍 ② 历年考研涉及的真题梳理 ③ 研读教材组思维导图 ④ 课堂交流与汇报 ⑤ 学习中心真题练习 ⑥ 错题集整理
第5周 （3月25日 至3月31日）	专题二：古代教育理论的奠基（中国部分） 《学记》的教育教学思想	① 课堂演练 ② 问题答疑 ③ 案例分析 ④ 学生点评	① 了解教育学考研 ② 阅读教材、课下教辅书籍 ③ 历年考研涉及的真题梳理 ④ 研读教材组思维导图 ⑤ 课堂交流与汇报 ⑥ 学习中心真题练习 ⑦ 错题集整理
第6周 （4月1日 至4月7日）	专题三：古代学校教育制度的发展（中国部分） ① 中国古代私学的发展轨迹（百家争鸣：孔子、孟子、荀子、墨子、老子及法家代表人物等） ② 孔子的教育理念和教育思想专题汇总 ③ 贾谊的教育理念和教育思想专题汇总 ④ 颜之推与《颜氏家训》所表现的教育理念和教育思想	① 课堂演练 ② 问题答疑 ③ 案例分析 ④ 学生点评	① 阅读教材、课下教辅资料 ② 历年考研涉及的真题梳理 ③ 研读教材组思维导图 ④ 课堂交流与汇报 ⑤ 学习中心真题练习 ⑥ 错题集整理

续表

时　间	讲授内容 按照教学大纲写明具体 的教学内容 （不能只写章节）	教学实践活动 社会调查/ 课堂讨论/ 实习参观	课外作业 习题的题目与数量
第 7 周 （4 月 8 日 至 4 月 14 日）	专题四：古代教育理论的高峰 （中国部分） ① 汉代董仲舒、王充的教育思想 ② 宋明理学家朱熹、王守仁的 主要教育观点 ③ 中国明清之际启蒙教育思想	① 课堂演练 ② 问题答疑 ③ 案例分析 ④ 学生点评	① 阅读教材、课下教辅资料 ② 历年考研涉及的真题梳理 ③ 研读教材组思维导图 ④ 课堂交流与汇报 ⑤ 学习中心真题练习 ⑥ 错题集整理
第 8 周 （4 月 15 日 至 4 月 21 日）	专题四：古代教育理论的高峰 （外国部分） ① 西欧教育理论的变革 ② 苏格拉底、柏拉图、亚里士多 德的教育思想	① 课堂演练 ② 问题答疑 ③ 案例分析 ④ 学生点评	① 阅读教材、课下教辅资料 ② 历年考研涉及的真题梳理 ③ 研读教材组思维导图 ④ 课堂交流与汇报 ⑤ 学习中心真题练习 ⑥ 错题集整理
第 9 周 （4 月 22 日 至 4 月 28 日）	专题一：从非形式化教育向形 式化教育的转化（外国部分） ① 古代埃及的教育理念和教育 内容 ② 古代印度教育理念和教育思想 ③ 古代埃及和古代印度的教育 理念对比	① 课堂演练 ② 问题答疑 ③ 案例分析 ④ 学生点评	① 阅读教材、课下教辅资料 ② 历年考研涉及的真题梳理 ③ 研读教材组思维导图 ④ 课堂交流与汇报 ⑤ 学习中心真题练习 ⑥ 错题集整理
第 10 周 （4 月 29 日 至 5 月 5 日）	专题二：古代教育理论的奠基 （外国部分） ① 古希腊的教育理念和教育思想 ② 古罗马的教育理念和教育思想 ③ 古希腊和古罗马的教育理念 对比	① 课堂演练 ② 问题答疑 ③ 案例分析 ④ 学生点评	① 阅读教材、课下教辅资料 ② 历年考研涉及的真题梳理 ③ 研读教材组思维导图 ④ 课堂交流与汇报 ⑤ 学习中心真题练习 ⑥ 错题集整理
第 11 周 （5 月 6 日 至 5 月 12 日）	专题五：近代资产阶级的教育 理论（外国部分） ① 欧洲资产阶级的教育理论 ② 西方国家近代主要教育思潮	① 课堂演练 ② 问题答疑 ③ 案例分析 ④ 学生点评	① 阅读教材、课下教辅资料 ② 历年考研涉及的真题梳理 ③ 研读教材组思维导图 ④ 课堂交流与汇报 ⑤ 学习中心真题练习 ⑥ 错题集整理
第 12 周 （5 月 13 日 至 5 月 19 日）	专题五：近代资产阶级的教育 理论（中国部分） ① 蔡元培的民主教育思想 ②"中体西用"思想与张之洞的 《劝学篇》	① 课堂演练 ② 问题答疑 ③ 案例分析 ④ 学生点评	① 阅读教材、课下教辅资料 ② 历年考研涉及的真题梳理 ③ 研读教材组思维导图 ④ 课堂交流与汇报 ⑤ 学习中心真题练习 ⑥ 错题集整理

续表

时　间	讲授内容 按照教学大纲写明具体 的教学内容 （不能只写章节）	教学实践活动 社会调查/ 课堂讨论/ 实习参观	课外作业 习题的题目与数量
第13周 （5月20日 至5月26日）	专题六：现代教育制度和教育理论的建立和发展（外国部分） ① 赫尔巴特、福禄贝尔的教育思想 ② 杜威、夸美纽斯、卢梭、培斯泰洛齐的教育思想	① 课堂演练 ② 问题答疑 ③ 案例分析 ④ 学生点评	① 阅读教材、课下教辅资料 ② 历年考研涉及的真题梳理 ③ 研读教材组思维导图 ④ 课堂交流与汇报 ⑤ 学习中心真题练习 ⑥ 错题集整理
第14周 （5月27日 至6月2日）	专题六：现代教育制度和教育理论的建立和发展（中国部分） ① 中国现代主要教育思想 ② 陶行知、张雪门、陈鹤琴的教育思想	① 课堂演练 ② 问题答疑 ③ 案例分析 ④ 学生点评	① 阅读教材、课下教辅资料 ② 历年考研涉及的真题梳理 ③ 研读教材组思维导图 ④ 课堂交流与汇报 ⑤ 学习中心真题练习 ⑥ 错题集整理
第15周 （6月3日 至6月9日）	专题六：现代教育制度和教育理论的建立和发展（外国部分） ① 世界各国资本主义教育制度的发展 ② 中国现代化教育制度的建立和发展 ③ 西方的现代教育理论 ④ 苏联主要教育家的教育理论	① 课堂演练 ② 问题答疑 ③ 案例分析 ④ 学生点评	① 阅读教材、课下教辅资料 ② 历年考研涉及的真题梳理 ③ 研读教材组思维导图 ④ 课堂交流与汇报 ⑤ 学习中心真题练习 ⑥ 错题集整理
第16周 （6月10日 至6月16日）	复习总评备考		
第17周 （6月17日 至6月23日）	考试		

填表说明：① 要求任课教师认真工整地填写此表，一式三份，经逐级审核合格后，分别由教务处、教务办和教师本人留存，此表系教师留存，院校两级随时进行抽查

② 此表经教研室负责人批准后，由任课教师向学生公布课程教学进度计划

③ 课程的实际教学应与填写的教学进度计划表的内容同步

（二）教学设计

应用型研究方向项目化教学课程"中外学前教育史"教学设计具体参见表4-3。

表 4-3　应用型研究导向项目化课程"中外学前教育史"教学设计

2023—2024 学年第二学期第三周

知识建模图

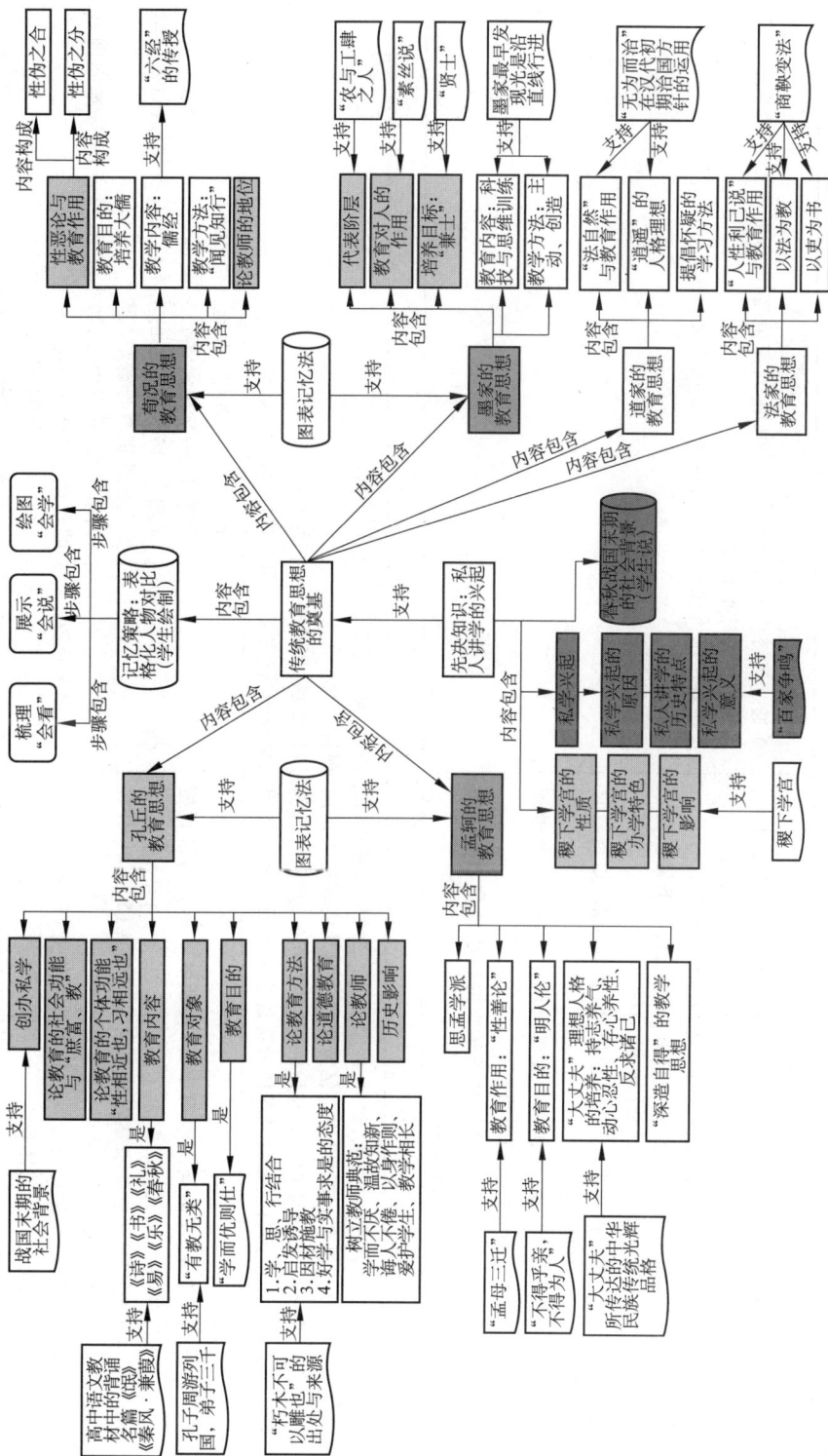

知识建模图主要节点：

传统教育思想的奠基（中心节点）

荀况的教育思想
- 性恶论与教育作用
- 教育目的：培养大儒
- 教学内容：《六经》
- 教学方法：闻见知行
- 论教师的地位
- 内容构成：性伪之合、性伪之分、"六经"的传授

墨家的教育思想
- 代表阶层
- 教育对人的作用
- 培养目标：兼士
- 教育内容：科技与思维训练
- 教学方法：主动、创造
- 支持："农与工肆之人"、"素丝说"、"贤士"
- 墨家最早发现光是沿直线行进

道家的教育思想
- "法自然"与教育作用
- "道通"的人格理想
- 提倡怀疑的学习方法
- 支持："无为而治"在议代初治国方针的运用

法家的教育思想
- "人性利己说"与教育作用
- 以法为教
- 以吏为书
- 支持："商鞅变法"

孔丘的教育思想
- 创办私学
- 论教育的社会功能与作用："庶、富、教"
- 论教育的个体功能"性相近也，习相远也"
- 教育内容：《诗》《书》《礼》《乐》《易》《春秋》
- 教育对象："有教无类"
- 教育目的："学而优则仕"
- 论教育方法：1.学思行结合　2.启发诱导　3.因材施教　4.好学与实事求是的态度
- 论道德教育
- 论教师：树立教师典范，温故知新，诲人不倦，以身作则，爱护学生，教学相长
- 历史影响

孟轲的教育思想
- 思孟学派
- 教育作用："性善论"
- 教育目的："明人伦"
- "大丈夫"的理想人格：持守善性、持养己浩然之气、动心忍性、反求诸己
- "深造自得"的教学思想
- 支持："孟母三迁"、"不得平素，不得为也"、"大丈夫"所传达传统光辉品格、所传达中华民族传统光辉品格

记忆策略：图表记忆法、图示记忆法、记忆策略表格化对比（学生绘制）

"会看"：梳理、展示"会说"、绘图"会学"

先决知识：私人讲学兴起、春秋战国末期的社会背景与学生论、私学兴起、私人讲学的历史特点、私学兴起的意义、稷下学宫的性质、稷下学宫的办学特色、稷下学宫的影响、"百家争鸣"

战国末期的社会背景　高中语文教材中的背诵名篇《咏》《秦风·兼葭》　孔子周游列国，弟子三千　"朽木不可以雕也"的出处与来源

续表

	知识点（学习水平）	素质目标（课程思政点）
学习目标	① 掌握孔子的教育思想，包括生平经历，教育目的，教育与国家的关系，教育内容，道德教育等（理解、记忆） ② 孟子的人性论（化性起伪），教育目的（圣贤胚胎），教学原则，论教师（理解、记忆） ③ 荀子的生平经历，教学原则，教育实践，道德教育（理解、记忆） ④ 墨、道、法四个代表学派所代表阶层与教学理论研究（理解）影响 ⑤ 稷下学宫（记忆）：稷下学宫的历史地位，性质，特点及其历史影响	① 通过了解中国古代春秋战国时期"百家争鸣"的历史与文化，激发学生身为华夏民族的自豪感 ② 了解中国古代文化，培养学生的爱国主义情怀
学习先决知识	① 《教育学》国家，教育，经济，社会之间的关系；奴隶制社会过渡（理解） ② 《教育心理学》中记忆策略这一模块的理解与运用（理解、记忆） ③ 了解私学的兴起与发展，私立学兴起的原因，兴起与发展过程（理解、记忆） ④ 中国古代教育开端的学习背景和知识点梳理模式（先秦时期的教育）（理解、记忆）	

	课上资源	课下资源
课程资源	（作业）课前运用学习中心（教师）发放测验单进行检测（4～5分钟完成） （作业）课堂展示学习成果及学习资源（20～25分钟完成，两节课展示） （作业）学生提交个人书写的课下作业/学习成果（个人记忆方式完成） （作业）考研真题本章节知识生成的错题集 （教辅工具）学生课堂汇报（含问题处理）评分表 （教辅工具）学习中心的文本资源及视频资源	（教材）《中国教育史教程》（吴式颖） （教辅工具）学生课堂汇报（含问题处理）评分表 （教辅工具）学习中心的文本资源及视频资源；往届学生上传的资料与错题汇集 （网络平台）学习中心，如小红书、抖音、哔哩哔哩网站的教育学考研博主等 （学术网站）知网，维普，万方等 （参考书）《中国学前教育史》（周采）；《中国教育通史》《中国教育史》《中国教育史教程》等；学生自主命题院校的真题汇集及参考资料；311教育学统考近十年真题汇集等

续表

课上时间 100分钟		课下时间 约300分钟		
活动序列	活动目标	地点	时间/分	学习资源
活动1	① 学生课下预习教材，观看影片，结合上一节课所讲内容，了解战国末期的历史背景，掌握学习成果，撰写作业（课堂展示成果）。 ② 结合教师的点评，PPT，以及视频资源的学习内容，掌握西周时期九流十家的教育思想和教育内容。通过教育史时间轴的梳理，了解学生课下学习思路及学习方法。 ③ 学生自学青《中国教育史》，梳理PPT，整理学习汇报成果，并利用学习中心的视频资源辅助学习，学生分组展示学习效果（儒家、墨家、道家、法家的知识内容）	课上 课下	60 160	① 《中国教育史》《中国教育通史》《简明教育史教程》等教材阅读 ② 教师课堂讲授PPT，学习中心平台 ① 学习中心线上视频资源 ② 学习中心课后习题，PPT，《中国教育史》《中国教育通史》《简明教育史教程》学生自学《中国哲学简史》学生自学的文本资料（任届学生汇报作品）
活动2	① 通过课前习题的检测，依据学生汇报的内容及课堂检测的错误题目有针对性地补充本章节知识。教师的讲解主要集中在真题错题集的分析及提取做题技巧上。 ② 学生学完本章节课后，教师分析本章节知识的重点、难点，掌握了主要知识点后，学生整理本部分知识的主观题、真题，生成个人"错题"，整理出答题要点和本部分分类型知识的答题模板	课上 课下	40 140	① 《中国教育史》《中国教育通史》《中国哲学简史》教材阅读 ② 教师课堂讲授PPT，学习中心平台 ③ 学生梳理的习题集 ① 教师梳理的本部分知识考查频次、学习中心作业及课后检测模拟题 ② 线下资源：教材，真题、教师课堂讲授PPT ③ 学生线下"提交"错题集 ④ 线上完成的本章节模拟考试题得分

续表

活动 1　知识建模图

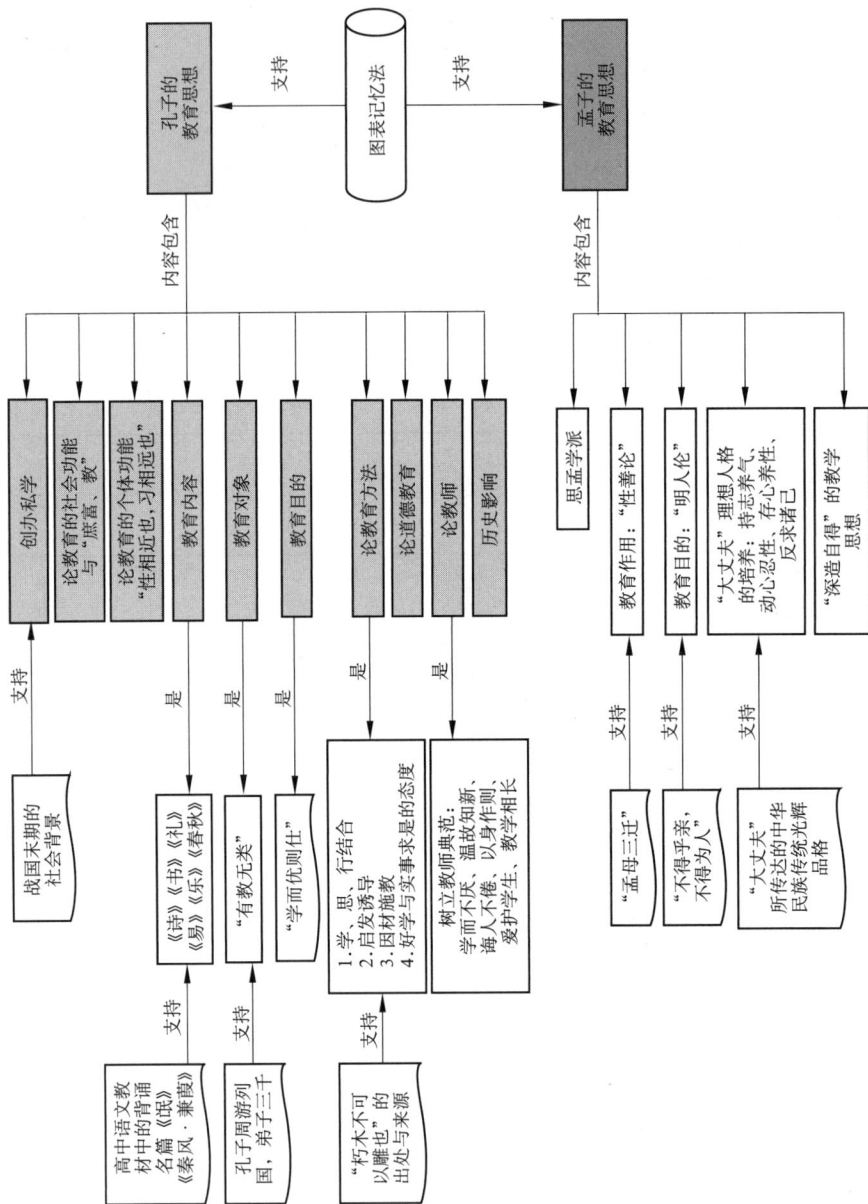

活动目标	① 掌握教育史学习的基本方式与知识梳理思路（运用） ② 按照教育史学习方法与技巧进行知识梳理与学习，掌握教育史记忆策略与方法（运用） ③ 熟练掌握孔子、孟子的教育思想，教育内容，教育概况，理解性记忆两个代表人物的人生观，哲学观，儿童观及教育实践内容（理解，记忆）
活动任务序列（导入任务描述）：结合孔子的教育学研究生考试热点导入，为同学们讲解孔子的教育思想和教育实践，而后教师贯通"百家争鸣"时期的教育概况	
师生交互过程	学生课下结合中国大学 MOOC 视频的讲解，以及上传到学习中心的视频资源进行学习，之后请学生进行先秦时期的教育思想及教育内容展示与汇报，按照教育史时间轴梳理知识（主要知识点的提炼方法），进行学习与研讨。梳理 PPT，整理学习汇报成果，教师宣布学生打开学习中心，进行真题检测，通过课堂真题检验学生们过程性学习效果，再结合学生的结果性学习效果 学生通过课前知识梳理掌握各个主要时间节点的历史背景，然后结合教材、视频、文档等资料进行学习，从中提取知识点，并制作个人知识图谱（或表格传记） 教师结合学生的课堂汇报质量进行简单点评，并引入课堂教学内容：本部分知识以教育史人物和教育思想的内容居多，应采用人物教育思想梳理方式，辅助以图表化教学手段，帮助学生梳理头脑中本部分知识图块，实现体系化梳理教育史知识内容，记忆知识内容，记忆教育史知识图块。此部分知识内容。辅助以图表化理解知识图的目的，从而达到理解需要学生能够"说出来"，记忆知识内容，实现体系化图块，实现体系化梳理教育史知识内容，梳理知识体系，形成知识图块，强化记忆效果 理头脑中本部分知识图块，实现体系化梳理教育史知识内容。本部分知识在教育史考研中属于重点知识内容，需要学生充分理解、梳理知识体系，形成知识图块，强化记忆效果

续表

	任务描述	任务时长	学习地点
	采用学生课下自学,教师课上答疑的方式进行,具体内容：结合学习中心为学生自学中心提供的视频资料、文本资料,梳理学习 PPT,整理学习汇报成果,掌握孔子的教育思想。结合孙培青《中国教育史》教材	课上 20 分钟＋课下 60 分钟	课上＋课下

活动任务序列（任务一）

图表记忆法

支持 → 孔子的教育思想

内容包含：
- 创办私学（支持：战国末期的社会背景）
- 论教育的社会功能与"庶、富、教"
- 论教育的个体功能"性相近也,习相远也"
- 教育内容（是：《诗》《书》《礼》《乐》《易》《春秋》）
- 教育对象（是："有教无类"）
- 教育目的（是："学而优则仕"）
- 论教育方法（是：1. 学、思、行结合　2. 启发诱导　3. 因材施教　4. 好学与实事求是的态度）
- 论道德教育（是：树立教师典范：学而不厌,诲人不倦,温故知新,以身作则,爱护学生,教学相长）
- 论教师
- 历史影响

支持 → 孟子的教育思想

内容包含：
- 思孟学派
- 教育作用："性善论"（支持："孟母三迁"）
- 教育目的："明人伦"（支持："不得乎亲,不得为人"）
- "大丈夫"理想人格的培养:持志养气,动心忍性,存心养性,反求诸己（支持："大丈夫"所传达的中华民族传统光辉品格）
- "深造自得"的教学思想

任务一知识组块

- 高中语文教材中的背诵名篇《诵》《秦风·兼葭》
- 孔子周游列国,弟子三千
- "朽木不可以雕也"的出处与来源

教学方式 （或学习方式）	☑讲授　☑小组讨论　☑答疑　□实验　□实训　☑自主学习　□其他（请填写）举例示范法
师生交互 过程	（教师预设知识点讲解，向同学们强调这是本章真题考试频次最高的知识点）教师讲解孔子的教育与国家的作用。教学模式。通过孔子的教育观念"学而优则仕""引入教育思想，介绍孔子的教育理念。现场就研究生考试真题进行分解。利用孔子的真题论述题，向学生传递论述题答题方式。介绍孔子的教师观、现场绘制知识图谱/表格，向同学生介绍入物类的知识梳理方式在应对不同模式的题目之间的关联 教师结合学生的课堂质量汇报进行简单点评，并引入课堂教学内容；官学的确立、私学的兴起、"百家争鸣"与"学术下移"之间的联系。此部分知识需要学生能够"说出来"，从而达到理解知识的目的。辅助以图表法的教学手段，帮助学生梳理头脑中本部分知识图块，实现体系化知识内容，记忆知识内容。本部分知识在育史考研中属于重点知识内容，需要学生充分理解、梳理知识体系，形成知识体系，强化记忆效果
学习资源	① 《中国教育史》教材 ② 学习中心线上视频资源学习及课后习题、PPT，《中国教育通史》图书、往届学生 PPT 汇报作业等 ③ 线下资源：教材、真题、教师课堂讲授 PPT
学习成果及 评价标准	表 4-4、表 4-5、表 4-7、表 4-8
备注	本部分知识在教育史考研中属于重点知识内容，需要学生充分理解知识内容背后的逻辑，才能实现较好的记忆效果

续表

活动任务序列（任务二）

任务二知识组块

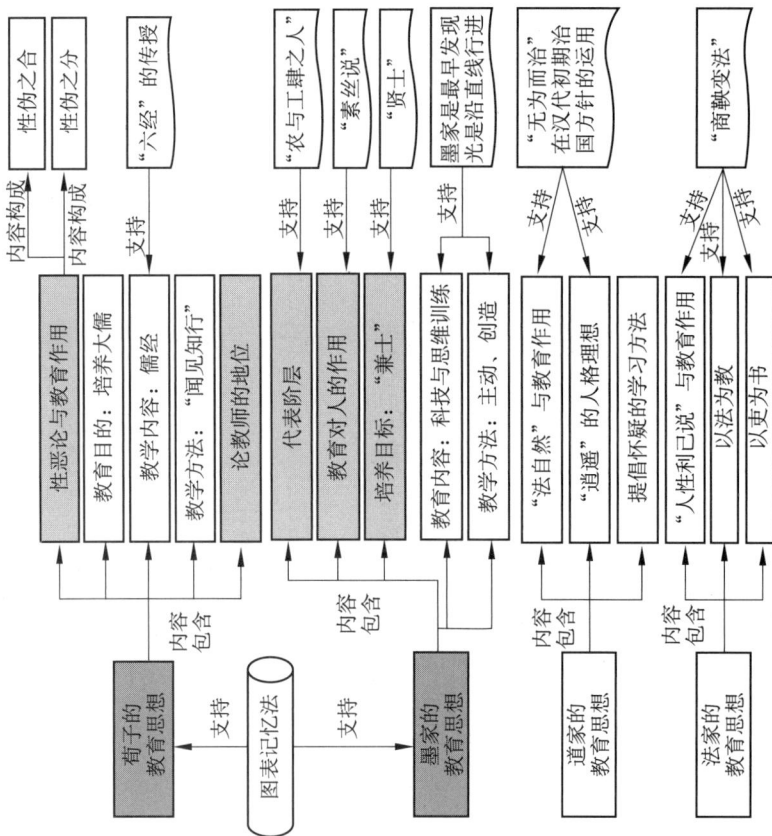

	任务描述	任务时长	学习地点
任务描述	采用学生课下自学＋教师课上答疑的方式进行，具体自学内容为学生自学孙培青《中国教育史》教材，结合学习中心提供的视频资料、文本资料、梳理PPT，整理学习汇报成果，掌握孟子、荀子、墨子、庄子的教育思想		
任务时长		课上40分钟＋课下100分钟	
学习地点			课上＋课下

教学方式（或学习方式）　☑讲授　☑小组讨论　☑答疑　□实验　□实训　☑自主学习　□其他（请填写）举例示范法

荀子的教育思想　——图表记忆法（支持）
- 内容包含　性恶论与教育作用　——内容构成　性伪之合／性伪之分
- 教育目的：培养大儒
- 教学内容：儒经　——支持　"六经"的传授
- 教学方法："闻见知行"
- 论教师的地位

墨家的教育思想（支持）
- 内容包含　代表阶层　——支持　"农与工肆之人"
- 教育对人的作用　——支持　"素丝说"
- 培养目标："兼士"　——支持　"贤士"
- 教育内容：科技与思维训练　——支持　墨家是最早发现光是沿直线行进
- 教学方法：主动、创造

道家的教育思想
- 内容包含　"法自然"与教育作用　——支持　"无为而治"在汉代初期治国方针的运用
- "逍遥"的人格理想
- 提倡怀疑的学习方法

法家的教育思想
- 内容包含　"人性利己说"与教育作用　——支持　"商鞅变法"
- 以法为教　——支持
- 以吏为书　——支持

续表

师生交互过程	教师首先根据上一个环节的真题检测结果，结合学生课堂汇报的重点及本章节知识的重点，有针对性地讲解本章知识，为学生梳理知识点。其中，本部分重点向学生介绍孔、孟、荀三位儒家代表人物的教育思想。教育史人物梳理方法是考研前期"百家争鸣"时期已经使用学生通过人物表格化学习得了表格对比法的教育学方法。绘制人物简表（对知识进行精细加工，制作后期考研时的资料）。教师主要为学生过，让学生们初步掌握了表格化法的教育方法。学习内容："礼崩乐坏"—"阶级紊乱"—"学术下移"—"私学兴起"—"百家争鸣"，通过穿线的记忆方式进行理解性记忆。讲解"礼崩乐坏"—"阶级紊乱"—"有教无类"—"私学兴起"—"百家争鸣"教师通过结合学生的课堂汇报质量进行简单点评，并引入课堂教学内容：奴隶制社会向封建制过渡的历史背景，以及传统私学发展的环境与社会基础。私学产生的条件，是什么导致的学术下移？从经济、政治、文化三个方面考虑。此部分知识需学生能够"说出来"，从而达到理解重点知识的目的。学生通过三个朝代知识的梳理，初步掌握教育史时间轴图的绘画方式
学习资源	①《中国教育史》教材 ②学习中心在线上学习资源，视频资源，以及课后习题，PPT，《中国教育通史》的图片，往届学生 PPT 汇报作业等 ③线下资源：教材，真题，教师课堂讲授 PPT
学习成果及评价标准	表 4-4、表 4-5、表 4-7，表 4-8
备注	本部分知识在教育史考研中属于重点知识内容，需要学生充分理解，梳理知识体系，形成知识图块，强化记忆效果

活动 2 知识建模图（课上或课下）

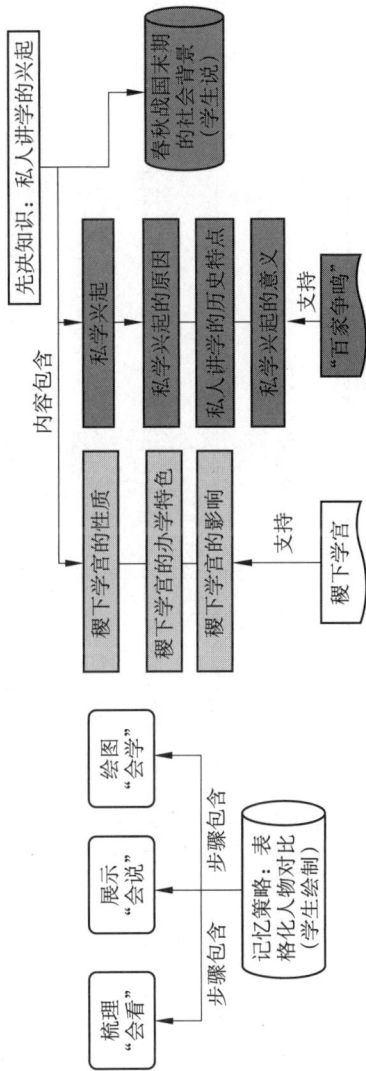

先决知识：私人讲学的兴起 → 春秋战国末期的社会背景（学生说）

内容包含：私学兴起 — 私学兴起的原因、私人讲学的历史特点、私学兴起的意义

支持 "百家争鸣"

稷下学宫 — 稷下学宫的性质、稷下学宫的办学特色、稷下学宫的影响

支持 稷下学宫

记忆策略：表格化人物对比（学生绘制）

步骤包含：梳理"会看"、展示"会说"、绘图"会学"

续表

活动目标	表格化梳理本单元孔、孟、荀、墨、庄等的教育内容、整理考研"错题集"（运用）
活动任务序列（导入任务描述）：教师展示往届学生使用的习题集，就上一节课学生汇报情况，帮助学生总结本节课重点与难点	
师生交互过程	检验学生的课下作业，即本部分的真题，一部分是统考试卷，另一部分是自主命题试卷（试卷资源均在学习中心学习资源处）。学生可以结合自己的报考院校整理自己命题的考试侧重点，分析出题角度，寻找答题方法，针对本校的考试特点进行解答。教师重点观察学生的解题思路是否正确，在回答主观题时是否具有正确思路，是否能够针对该院校使用教材进行回答，回答主次分明，条理清楚，阐述清楚，答出要点。 教师与学生课堂随机发问与问答。通过学生回答问题的效果与内容进行相应的解答，逐一检查学生的学习效果，对其人物表格绘制的质量进行评价与考核。表格制作图的应用，逐一检查学生回答问题时主要知识点，包含主要知识点，简洁大方。观察学生使用的方式，是侧重导图思维导图的应用，还是更关注汇报上面。教师询问同学们了个体创新性表达方式 教师预设本部分教学问题主要集中在：孟子的"性善论"与荀子的"性恶论"的教育思想。这道题属于比较难理解的知识需要单独为学生强调 ①孟子与荀子都是儒家学派的代表人物，经过后期的演变与整理，在前期的教育思想上从"人性论"的角度进行了新的扩充。孟子认为人性本善，认为后天的教育可以改善人的修养与思想；而荀子认为人性本恶是相对的，不是绝对的性恶论（对比论家的绝对性恶论——人生而利己说） ②孟子和荀子的教育思想都是从相对论角度来谈的，学生在进行简答题书写时需注意写出关键要点，从人性论与人生观的角度回答更加透彻 ③这一命题的提出为教育如何扩充人的"仁义礼智信"提供了理论依据，后世的教育家也因此把发展道德意识、道德判断作为德育的重要任务之一

续表

活动任务序列（任务一）		
任务一—知识组块		

梳理"会看" → 展示"会说" → 绘图"会学"

步骤包含 记忆策略：表格化人物对比（学生绘制）

	任务描述	通过实例展示人物表格和"错题集"，使学生学会学习，会提取核心知识点，达到会"看书"的目标
	任务时长	课上 20 分钟＋课下 70 分钟
	学习地点	教室或自习室

教学方式（或学习方式）：
☑讲授 ☑小组讨论 ☑答疑 □实验 □实训 ☑自主学习 □其他（请填写）观摩法

师生交互过程：

学生学习：学生通过课前知识梳理掌握各个要时间节点的历史背景，然后结合教材、视频、文档等资料进行学习，从中提取知识点，并制作个人知识图谱（或表格传记）

学生通过观看视频，利用通信设备查找资源，梳理思维导图，以及学习视频资源，自主学习并掌握西周周时期的教育理念、教育理论与主要观点。通过课堂教学的检测，依据学生汇报的内容及课及本章节主要知识。教师的讲解补充本章节知识。

学生通过课上和课下知识的学习来培养解题能力，解题能力主要体现在学生学期末整理的"习题集"上面，这个习题集需要学生集中在真题错题的分析及提取解题技巧上

们正确合理地运用，习题集能够充分暴露学生掌握学习进度、学习状态。教师需要结合学生个人学习风格与特点，指导下一步的复习策略

同习题解答程序与解题顺序，习题集需要准确把握学生学习进度，学习效果，有针对性地给予指导性建议，并结合学生个人学习风格与特点，指导下一步的复习策略

续表

学习资源	①学习中心线上视频资源：学习中心视频音频资源学习及课后题，PPT，《中国教育通史》图书，往届学生 PPT 汇报作业等 ②线下资源：教材，真题，教师课堂讲授 PPT
学习成果及评价标准	表 4-6、表 4-9
备注	往届学生的作业可为学生稍作展示，展示过多会削弱学生创新性知识记忆策略的发挥

活动任务序列（任务二）

任务描述	学生掌握教育史时间轴绘制方式，人物表格知识梳理的方法，以及"错题集"制作与使用方法
任务时长	课上 20 分钟＋课下 70 分钟
学习地点	教室或自习室

任务二知识组块

教学方式 （或学习方式）	☑讲授　☑小组讨论　☑答疑　□实验　□实训　☑自主学习　□其他（请填写）"错题分析法"
师生交互 过程	学生进行知识梳理与汇报，第二节课进行现场汇报以检验学习效果。真题用来检验学生的自学成效，特别是课下学营这一核心概念的掌握效果 课前学习中心习题检测学生课下自学效果：4 分钟线上测试时间。而后教师发布本节任务，学生通过上一节课的课下作业的发布和任务梳理，上交习题集，教师翻阅习题集整理整理层次与质量。同时，学生进行本节课课堂知识的展示与汇报，以梳理学生的学习效果
学习资源	①学习中心线上视频资源、课后习题、PPT、《中国教育通史》的图片、往届学生的 PPT 汇报作业等 ②线下资源：教材、真题、教师课堂讲授 PP□
学习成果及 评价标准	"中外教育史"项目化教学评价方案 总评成绩＝过程考核×40％＋结项考核×63％ 过程考核占 40％，100 分 1. 出勤（10％）：共 100 分，评分标准：迟到扣 2 分，早退扣 5 分，请假扣 1 分，旷课扣 10 分 2. 观看线上教学资源情况（2％）10 分×10 个，共 100 分，评分标准：全部看完 10 分，未看完得 5 分，完全未看记 0 分 3. 学习笔记与反思（2％）10 分×10 个，共 130 分，评分标准：提交即可得 10 分，未提交记 0 分 4. 小组汇报 10 分×10 次（3％），共 100 分，评分标准：根据小组汇报质量进行打分，共 10 分/次课 （1）体现出较强的参与度，且发挥学生创造性（4 分） （2）完成作业合理，且具有可操作性（6 分） 5. 小组"问题集"（3％）10 分×10 个，共 100 分，评分标准如下 （1）问题集包含中外教育史全部章节（15 分）

续表

	（2）每个章节至少三个常见问题（15分） （3）多角度分析问题，每个问题的原因分析至少两条且合理（20分） （4）多方面提出解决策略，针对不同类型的问题能够有针对性地提出解题方式，每个问题的解决策略至少三条且具有操作性，科学严谨（30分） （5）课下参阅文献资料充分、信息量大，有较大参考价值（20分） 6.个人或小组积分（10%）：包括课堂回答问题，小组汇报发言、复盘发言，线上讨论等，共100分，积分制度与规则如下 （1）正常情况下，每组每次每人积2分，被动回答不加分 （2）主动回答问题加2分，复盘发言、小组汇报发言、线上讨论 （3）小组加分可以直接加在每个小组成员积分上 （4）有临时任务安排的，根据情况加分，每次每人不超过5分 （5）小组长、学委做好每次角色做好加分记录，至少每周公示1次 （6）做出突出贡献的学生和承担重要角色的学生（小组长、学委、班长等），根据贡献量酌情加分 7.线上测验（10%）：10分×10次，共100分，系统自动出分 结项考核占60%，100分 《中外教育史》模拟试卷（一）（10%） 《中外教育史》期末考核试卷（50%） 学生成果如下 小组成果1：汇报PPT、纸质版作业、精品视频 小组成果2：问题方案集锦 个人成果：学习心得总结"锦囊" 课堂评价见表4-4～表4-9
备注	本部分知识需要学生充分理解，发挥个人知识记忆技巧，梳理知识体系，形成知识图块

（三）实施过程

1. 课前

利用"学习中心"的习题,检测学生课下的自学效果:4 分钟线上测试时间。而后教师发布本节课任务,学生根据上一节课的课下作业的发布和任务梳理,上交习题集,教师翻阅习题集,整理层次与质量。同时,学生进行本节课课堂知识的展示与汇报,以梳理学习效果(课上 20～30 分钟,分两节课进行)。

请学生进行夏朝和商朝的教育思想及教育内容的展示与汇报,按照之前学习的教育史时间轴梳理知识(主要知识点的提炼方法),进行学习与研讨。

2. 课中

教师宣布学生打开"学习中心",进行真题检测(根据需要,有时是线下纸质测试)。通过课堂汇报,检验学生的过程性学习效果,再结合学生的真题检验效果,检测学生的结果性学习效果(课上 4～6 分钟)。

教师结合学生的课堂汇报质量,进行简单点评,过渡引入课堂教学内容:奴隶制社会向封建制过渡的历史背景,以及传统私学发展的环境与社会基础。此部分知识需要学生能够"说出来"。通过第一部分的"说"来达到理解知识的目的。辅助以图表法的教学手段,帮助学生梳理头脑中本部分的知识图块,实现体系化梳理教育史知识内容、记忆知识内容的目的。本部分知识在教育史考研中属于重点知识内容,需要学生充分理解,梳理知识体系,形成知识图块,强化记忆效果(课上 5～8 分钟)。

教师预设知识点讲解(这是本章真题考试频次最高的知识点),教师讲解春秋战国时期的教育概况,主要为学生讲解"礼崩乐坏"—"阶级紊乱"—"学术下移"—"有教无类"—"私学兴起"—"百家争鸣",通过穿线的记忆方式,进行理解性记忆。

学习内容:"礼崩乐坏"—"阶级紊乱"—"学术下移"—"有教无类"—"私学兴起"—"百家争鸣"。

学生学习:学生通过课前知识梳理,掌握各个主要时间节点的历史背景,然后结合教材、视频、文档等资料进行学习,从中提取知识点,并制作个人知识图谱(或表格传记)。

教师陈述:春秋战国时期"私学兴起"的教育意义与孔子的"学术下移",以及"有教无类"的教育内容关联较强,学生必须理解本部分知识的内在逻辑,才能够灵活应对本模块知识的辨析题。将教育思想和理念与国家的时事政治联系进行考查是常有的事。这种情况几乎每年都会出现在考题中,希望学生能够引起重视。

学生上交本节课的考研真题"错题集",教师根据学生错题出现频率来确定授课重点,并根据学生答题的方式,传授解题技巧。

3. 课后

学生学习:学生通过思维导图绘制法、知识图块记忆法、人物表格记忆法等方法记忆知识内容。布置下节课先秦时期的教育内容的作业。

（四）教学评价

$$总评成绩＝过程考核×40\%＋结项考核×60\%$$

过程考核占 40%,100 分。

（1）出勤（10%）：共 100 分。迟到扣 2 分，早退扣 5 分，请假扣 1 分，旷课扣 10 分。

（2）观看线上教学资源情况（2%）10 分×10 个，共 100 分。全部看完计 10 分，未看完计 5 分，完全未看计 0 分。

（3）学习笔记与反思（2%）10 分×10 个，共 100 分，提交即可计 10 分，未提交计 0 分。

（4）小组汇报 10 分×10 次（3%），共 100 分。根据小组汇报质量打分，共 10 分/课。

① 体现出较强的参与度，且发挥学生创造性。（4 分）

② 完成作业至少 3 次优秀，且科学合理，具有可操作性。（6 分）

（5）小组"问题集"（3%）10 分×10 个，共 100 分，评分标准如下。

① 问题集包含中外教育史全部章节。（15 分）

② 每个章节至少三个常见问题。（15 分）

③ 多角度分析问题，每个问题的原因分析至少两条且合理。（20 分）

④ 多方面提出解决策略，针对不同类型的问题能够有针对性地提出解题方式，每个问题的解决策略至少三条且具有可操作性、科学严谨。（30 分）

⑤ 课下参阅文献资料充分，信息量大，有较大参考价值。（20 分）

（6）个人或小组积分（10%）：包括课堂回答问题、小组汇报发言、复盘发言、线上讨论等，共 100 分。积分制度与规则如下。

① 正常情况下，每组每次每人积 2～5 分，如堂回答问题、小组汇报发言、复盘发言、线上讨论。

② 主动回答问题加 2 分，被动回答不加分。

③ 小组加分可以直接加在每个小组成员积分上。

④ 有临时任务安排的，根据情况加分，每次每人不超过 5 分。

⑤ 小组长、学委做好加分记录，至少每周公示 1 次。

⑥ 做出突出贡献的学生和承担重要角色的学生（小组长、学委、班长等），根据贡献量酌情加分。

（7）线上测验（10%）：10 分×10 次，共 100 分，系统自动出分。

结项考核占 60%,100 分。

《中外教育史》模拟试卷（一）（10%）。

《中外教育史》期末考核试卷（50%）。

学生成果如下。

小组成果 1：汇报 PPT、纸质版作业。

小组成果 2：问题方案集锦。

个人成果:学习心得总结"锦囊"。

激励评价:颁发电子证书(五星评价)。

90～100 分为优秀,80～89 分为良好,70～79 分为中等,60～69 分为合格,60 分以下为不合格。

具体评价方法参见表 4-4～表 4-9。

表 4-4　学生课堂汇报评价量表 1

组成部分	分值	评 分 要 素	评分标准(分)	备注
内容	40 分	主题突出、内容完整;幻灯片(时间轴/人物表格/思维导图等)内容能够清晰、准确地表达并再现素材的精要;幻灯片(时间轴/人物表格/思维导图等)完全覆盖素材的主要内容	31～40 为很好 21～30 为好 11～20 为一般 0～10 为差	
		结构合理、逻辑顺畅;幻灯片(时间轴/人物表格/思维导图等)之间具有层次性和连贯性;逻辑顺畅,过渡恰当;整体风格流畅、协调		
技术	25 分	汇报人脱稿演讲,精神饱满,仪态自然,思路清晰,声情并茂,能打动听众,语调抑扬顿挫	19～25 为很好 12～28 为好 6～11 为一般 0～5 为差	
		作品中使用了文本、图片、绘画、图形、动画、音频、视频等表现工具;作品中可使用超链接等技术工具等(不使用不扣分)		
态度	20 分	根据作业任务的发布,按质按量完成视频学习任务	16～20 为很好 11～15 为好 6～10 为一般 0～5 为差	
		适合作为考研复习的一手资料		
		汇报人脱稿演讲,精神饱满,仪态自然,思路清晰,声情并茂,能打动听众,语调抑扬顿挫		
创意	15 分	整体布局风格(包括模板设计、版式安排、色彩搭配等)立意新颖,构思独特,设计巧妙,具有想象力和表现力	12～15 为很好 7～11 为好 4～6 为一般 0～3 为差	
		作品能够体现学生的原创性,原创成分高,思想性较强		
总　　分				

表 4-5　学生课堂汇报评价量表 2

序号	评分项目	分值	评 分 标 准	得分
一	PPT 汇报		行为举止自然大方,有礼貌,符合幼儿教师职业特点	
			工作流程完整、清晰	
			反映常见问题及解决策略	
			发现现存问题,提出疑惑	

序号	评分项目	分值	评 分 标 准	得分
二	情景模拟		活动环节合理有效,体现细节,准备材料充足	
			演员融入角色,换位思考,大胆展现	
			活动步骤清晰,自然,对话互不干扰,声音洪亮	
			在活动过程中展现和解决矛盾,具有应变能力	
			能对教育活动和教育行为进行客观评价和反思	

表 4-6　学生课堂汇报评价量表 3

考核方式 (比例分配)	考核形式	考核内容	考核要求及评分标准
终结性考核 (70%)	期末 闭卷 考试	考研 模拟 试卷	设置 5 次模拟考试(满分 100),每次模拟考试成绩折合 20%,最终五次模拟成绩相加得出本学期总成绩,给出成绩评定等级
形成性考核 (30%)	平时成绩	出勤(5%) 及课堂表现(10%)	翻转校园点名签到,统计学生到课情况,缺课一次扣 10 分,迟到早退扣 5 分;课堂表现根据发言、参与讨论、活动的次数和质量来评定打分
		平时作业(10%)	作业评价(评价标准见表 4-7)
		线上学习(5%)	学习的时长及线上作业完成情况

表 4-7　学生课堂汇报评价量表 4

类　别	评分参考项	分值
作业提交速度	布置作业当天内提交(最快)	10
	布置按时按点提交	8
	超过提交时间后提交	5
	催促后提交	2
	未提交	—
作业完成程度	作业完成认真、详细、准确、有创新性	10
	作业完成较认真、准确	8
	作业完成较认真	5
	作业完成不太认真	3
	未提交作业	—

表 4-8　学生课堂汇报评价量表 5

类　别	评分参考项	分值(50)
个人(5%)	作业提交速度	10
	教育史时间轴绘画质量	10
	视频观看以及课后问题思考程度	10
	教育史记忆方法创新性	10
	课外教育史知识的学习程度	10

续表

类　别	评分参考项	分值(50)
小组(5%)	担任汇报人次数	10
	PPT 制作完成度	10
	小组汇的质量	10
	PPT 制作质量	10
	课堂汇报效果	10

表 4-9　学生课堂汇报评价量表 6

类　别	评分参考项	分值
承担汇报人角色次数	强烈汇报意愿并且每次以汇报人身份完成小组作业	10
	一般程度汇报意愿、3 次汇报人身份完成小组作业	8
	普通程度汇报意愿、2 次汇报人身份完成小组作业	5
	较低程度汇报意愿、1 次汇报人身份完成小组作业	3
	极低程度汇报意愿、0 次汇报人身份完成小组作业	—
PPT 完成程度	PPT 完成认真、翔实、准确、有创新性、体现作者思考性	10
	PPT 完成较认真、翔实、有创新性	8
	PPT 完成较认真	5
	PPT 完成不太认真	3
	未提交 PPT	—

二、项目化教学课程"幼儿园一日流程"教学设计实例

(一)课程简介

《幼儿园一日流程》是一门学前教育专业本科学生必修的项目化教学课程,于 2021 年 9 月校级立项,课程立项号 kq2021xm28,被学校评为优秀等级 A－课程;"专业认证下师范类专业《幼儿园一日流程》项目化教学课程改革研究与实践"获得学校教学成果一等奖。根据新课程体系的教学计划,本课程在第 6 学期开设,共计 64 学时,4 学分。前修课程有《幼儿园班级管理》《五大领域的活动设计与指导》等,这些都为《幼儿园一日流程》项目化的开设提供了强有力的支撑,同时该课程支持第 7 学期开设的应用型课程以及教育实习,进一步巩固了本课程的教学效果。

本课程是基于岗位需求开发的一门教育理念先进的全新课程,在全国师范类高校的学前教育专业中首次开展。宗旨在落实"立德树人"的根本任务,突出"以学生为中心",同时兼顾"以儿童为本""寓教育于生活"的教育理念。"幼儿园一日流程"项目化教学课程内容是《幼儿园教师专业标准》中最基本的工作技能,通过规范教师行为、儿童行为和师幼关系模式,最终形成保教人正确的教育观念和育人理念。此项目化教学课程内容将国家教育纲领性文件中所主张的幼儿园教育理念完全落地,不仅适用于高校师范类

学前教育专业,也适合幼儿园保教教师的职前、职后培训,使用范围非常广泛。

《幼儿园一日流程》项目化教学课程以幼儿园真实的岗位任务即一日流程的十个环节为子项目,确立了基本任务的"工作标准",将相关课程理论知识有机整合在其中(综合性)。通过发布任务,让学生开展自主学习和小组合作学习,通过校内实训教学和校外现场教学,强化学生的岗位实操能力、分析问题和解决问题的能力以及教研能力,树立"以儿童为本""寓教育于生活""以游戏为基本活动"的教育理念,增强专业自信和职业认同感。通过"岗课融通、园校一体、理实一体"的项目化教学解决高校学生理论难以联系实际、实操能力较弱等问题。

本课程最突出的特点是创新性。本课程将幼儿园一日流程中的真实岗位任务,按照一日流程中的十个环节确定了"43项基本任务""100条工作标""30个典型问题及解决策略",课程知识模块化,教学内容、知识点、技能点、态度点明确清晰,便于操作和评价。具体参见表4-10和表4-11。

表 4-10 "幼儿园一日流程"课程教学大纲

课程代码:kg2021xm28　　　　课程名称:幼儿园一日流程
授课教师:李萍、王东昇、兰昕、翟天园、焦军宁、李彦
课程性质:必修　　　　学时:64　　　　学分:3　　　　授课对象:普通本科

项目来源	岗位典型任务
课程目标	① 掌握幼儿园一日活动的工作流程与工作标准,树立"以儿童为本""寓教育于生活"的教育理念并在一日流程中践行落地 ② 能够按照工作标准完成一日流程工作,科学合理地解决常见问题 ③ 形成善于沟通合作、勤于总结反思的职业精神 ④ 提升专业自信和职业认同感
学习成果	① 问题策略集;② 课程论文;③ 调研报告;④ 学习笔记;⑤ 幼儿园实操视频、情景模拟视频
教学方法 (或学习方法)	☑讲授 ☑小组讨论 ☑答疑 □实验 ☑实训 ☑自主学习 □其他(请填写)情景模拟
先修课程	专业基础课程:学前儿童心理学、学前儿童卫生与保健、学前儿童健康教育、学前儿童语言教育、学前儿童社会教育、学前儿童科学教育、学前儿童艺术教育 项目化教学课程:幼儿园保育实践、幼儿园教育活动、游戏活动指导实践
课程资源	自主设计(选择相应选项即可,如有补充请填写内容) □教材 ☑教辅用书 □拓展书目 ☑教具 □实验室 □网络平台 □图片 □音频 ☑视频 □软件 ☑学科专家、科学家、企业家等社会人士 ☑实地/现场 □图书馆、博物馆等社会场所 □期刊 ☑教学过程中生成性资源(如教学活动中提出的问题、学生的作品/作业、课堂实录等)

课程资源	□其他(请填写)_____ 现成资源(选择相应选项即可,如有补充请填写内容) ☑教材 ☑教辅用书 ☑拓展书目 □教具 □实验室 ☑图片 ☑音频 ☑视频 □软件 ☑学科专家、科学家、企业家等社会人士 ☑实地/现场 □图书馆、博物馆等场所 □期刊 ☑教学过程中生成性资源 □其他(请填写)_____
课程评价方式	<div align="center">总评成绩=过程考核×40%+结项考核×60%</div>过程考核占 40%,100 分 1. 出勤(4%):共 100 分。迟到扣 2 分,早退扣 5 分,请假扣 1 分,旷课扣 10 分 2. 观看微课情况(4%)10 分×10 个,共 100 分。全部看完计 10 分,未看完计 5 分,完全未看计 0 分 3. 学习笔记与反思(4%)10 分×10 个,共 100 分。提交即可计 10 分,未提交计 0 分 4. 小组情景模拟视频及脚本 10 分×10 个(8%),共 100 分。(以早间接待为例) 5. 小组汇报 10 分×10 次(8%),共 100 分 6. 小组"问题集"(4%)10 分×10 个,共 100 分,评分标准如下 (1) 问题集包含十大环节(5 分) (2) 每个环节至少三个常见问题(15 分) (3) 多角度分析问题,每个问题的原因分析至少两条且合理(20 分) (4) 多方面提出解决策略,每个问题的解决策略至少三条且具有操作性、合情合理(30 分) (5) 参考文献资料充分,信息量大,有较大参考价值(20 分) 7. 个人或小组积分(4%):包括课堂回答问题、小组汇报发言、复盘发言、线上讨论等,共 100 分,积分制度与规则如下 (1) 正常情况下,每组每次每人积 2~5 分,如堂回答问题、小组汇报发言、复盘发言、线上讨论 (2) 主动回答问题加 2 分,被动回答不加分 (3) 小组加分可以直接加在每个小组成员积分上 (4) 有临时任务安排的,根据情况加分,每次每人不超过 5 分 (5) 小组长、学委做好加分记录,至少每周公示 1 次 (6) 做出突出贡献的学生和承担重要角色的学生(小组长、学委、班长等),根据贡献量酌情加分 8. 线上测验(4%):10 分×10 次,共 100 分,系统自动出分 结项考核占 60%,100 分 《幼儿园一日流程》技能考核评分表 30%,共 100 分 《幼儿园一日流程》过程考核评分表 30%,共 100 分 (90~100 分为优秀,80~89 分为良好,70~79 分为中等,60~69 分为合格,60 分以下为不合格) 学生成果如下(加分项) 小组成果 1:精品视频

续表

课程评价方式	小组成果2:问题方案集锦 个人成果1:学习记录与心得总结 个人成果2:项目课程论文 个人成果3:支教调研报告 激励评价:颁发电子证书(五星评价)

表4-11 "幼儿园一日流程"课程教学进度表

周次		课上			课下	学生 用时 (预计)	备注
		课程主题内容	教学场所	计划学时/学时	学习主题内容		
第1周	周一 开课	"幼儿园一日流程"课程介绍+发布课下任务——过渡环节(李萍等团队教师)	阶梯教室	4	【课前任务】 ① 自主学习平台相应课程及教材,完成测试题 用时:60分钟 ② 小组讨论"3个常见问题"的解决策略或方案,准备小组汇报 用时:120分钟 ③ 小组撰写"情景模拟脚本",呈现工作流程、标准与3个常见问题 用时:60分钟 ④ 小组按照脚本进行情景模拟演练 用时:60分钟 ⑤ 入园实操前的准备(如备计划方案、备课、仪容仪表、任务书、评分表或记录表、道具等) 用时:120分钟 【课后任务】 ① 整理学习过程记录 用时:20分钟 ② 书写心得总结,汇总遗留问题 用时:30分钟 ③ 细化梳理工作流程、标准,完善问题解决方案;准备小组汇报PPT 用时:30分钟	8小时	
	周四 1~4节	过渡环节实战与复盘(焦军宁)	花溪路 贝睿思	4		8小时	
	周五 1~4节	餐点环节实战与复盘(宋佳)	花溪路 贝睿思	4		8小时	
第2周 单项 实操Ⅰ	周四	早间接待、实战与复盘(李萍)	花溪路 贝睿思	4		8小时	
	周五	如厕、洗手、饮水实战与复盘(翟天园)	花溪路 贝睿思	4		8小时	
第3周 单项 实操Ⅱ	周四	早间坐圈教学活动实战与复盘(兰昕)	花溪路 贝睿思	4		8小时	
	周五	户外活动实战与复盘(翟天园)	花溪路 贝睿思	4		8小时	
第4周 单项 实操Ⅲ	周四	午睡实战与复盘(兰昕)	花溪路 贝睿思	4		8小时	
	周五	离园实战与复盘(宋佳)	花溪路 贝睿思	4		8小时	

续表

周次		课 上			课 下		备注
		课程主题内容	教学场所	计划学时/学时	学习主题内容	学生用时（预计）	
第5周综合实操Ⅰ	周四	"分组教学"案例研讨＋实训（兰昕）	智慧教室/实训室	4	下午综合实操Ⅰ"教学活动""常规培养"组内教研	4小时	
	周五	"常规培养"案例研讨＋实训（宋佳）	智慧教室/实训室	4		4小时	
第6周综合实操Ⅱ支教活动	周四	"入园焦虑"案例研讨＋实训（兰昕）	智慧教室/实训室	4	下午综合实操Ⅱ"入园焦虑""幼小衔接"组内教研	4小时	
	周五	"幼小衔接"案例研讨＋实训（翟天园）	智慧教室/实训室	4		4小时	
第7周综合实操Ⅲ	周四	"同伴冲突"案例研讨＋实训（宋佳）	智慧教室/实训室	4	下午综合实操Ⅲ"同伴冲突""家园沟通"组内教研	4小时	
	周五	"家园沟通"案例研讨＋实训（宋佳）	智慧教室/实训室	4		4小时	
第8周考核汇报	周四	实践考核汇报（团队教师）	幼儿园/实训室	4	准备小组汇报PPT，小组情景模拟抽题、整理学习过程记录与总结、问题方案集、实操视频、支教调研报告，完善项目课程论文	32小时	
合 计				64	合 计	128小时	约等于1:2

（二）教学设计

教学设计具体参见表 4-12。

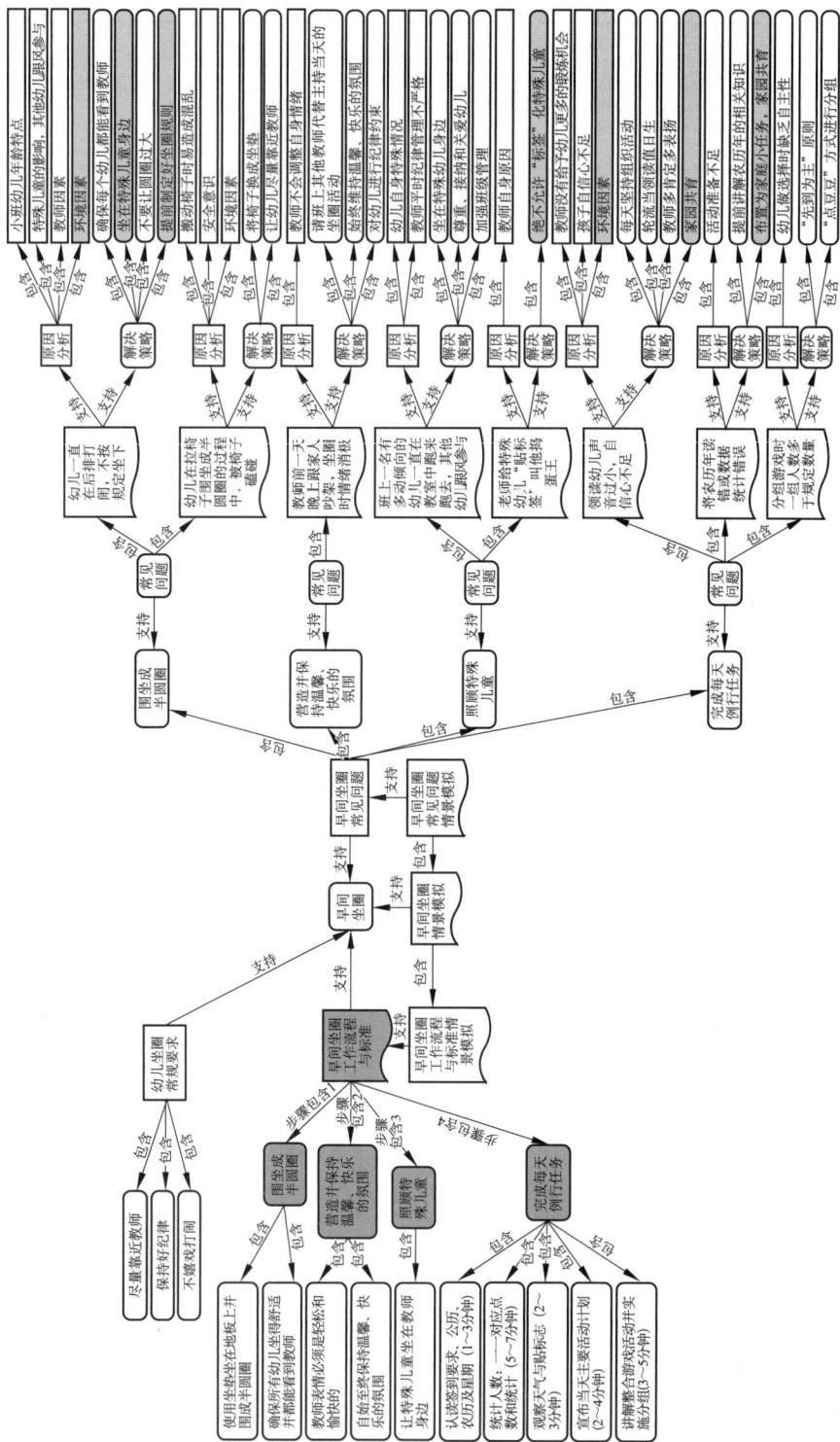

表 4-12　"幼儿园一日流程"项目化课程教案——早间坐圈

2023 年第一学期第 7～8 周

知识建模图

续表

	知识点（学习水平）	能力目标	素质目标（课程思政点）
学习目标	① 早间坐圈的工作流程、标准（理解、运用） ② 早间坐圈常见问题的分析与解决策略（理解、运用）	① 早间坐圈环节的组织能力（运用） ② 发现问题及解决问题的能力（运用）	① 增强学前教育专业学生的专业自信和职业认同感，提高学生的一日流程保教技能 ② 使学生养成善于反思、善于合作的良好品质，引领学生逐步形成正确的世界观、人生观和价值观 ③ 自觉践行社会主义核心价值观，成为德智体美劳面全发展的高素质劳动者和科技术技能人才
学习先决知识技能	早间坐圈工作流程（理解）、工作标准（理解）、幼儿常见表现（理解）		
课上资源	（作业）学生小组录制的情景模拟视频及脚本 （作业）PPT 汇报材料 （教具）早间坐圈情景模拟道具 （教辅工具）早间坐圈工作流程、标准评分表 （教辅工具）早间坐圈情景模拟（含问题处理）评分表		
课下资源	（微课）早间坐圈工作流程与标准视频 （教材）《幼儿园班级管理》——早间坐圈幼儿常规要求与常见表现 （教材）《幼儿园一日流程》——早间坐圈 （微课）早间坐圈幼儿常规要求与常见表现 （教具）早间坐圈情景模拟道具 （教辅工具）早间坐圈工作标准评分表 （教辅工具）早间坐圈情景模拟（含问题处理）评分表 （教材）教材中的专业基础相关知识模块： 儿童心理学、行为观察——分离焦虑、小班幼儿年龄特点、同伴冲突 幼儿园班级管理——小班家园沟通、同伴冲突事件之家园沟通技巧 幼儿社会教育——如何促进幼儿社会性发展 幼儿语言教育——如何促进幼儿社交语言发展 幼儿园环境创设——小班温馨之家主题环创、玩具材料准备"一式多份" （人脉）所在班级幼儿、家长、班主任、教研主任等 （网络平台）如小红书、抖音等平台 （学术网站）知网、维普、万方等		

续表

课上时间 200 分钟		课下时间		400 分钟
活动序列	任务的学习目标	地点	时间	学习资源
活动 1	早间坐圈的工作流程、标准、幼儿坐圈常规要求（理解、运用）	寝室 教室	课下（前）120 分钟 课上 50 分钟	早间坐圈工作流程与标准视频；《幼儿园班级管理》幼儿坐圈常规要求；《幼儿园一日流程》早间坐圈测试题
活动 2	早间坐圈中的常见问题及问题解决策略（理解、运用）	寝室 教室	课下（前）130 分钟 课上 50 分钟	早间坐圈情景视频
活动 3	早间坐圈情景模拟（运用）	寝室 教室	课下 120 分钟 课上 50 分钟	早间坐圈情景模拟脚本；早间坐圈情景模拟道具，早间坐圈情景模拟评分表
活动 4	早间坐圈真实场景操作（运用）	幼儿园	课上 50 分钟 课下 130 分钟	早间坐圈评分表、观察记录表

活动 1 知识建模图（课下＋课上）

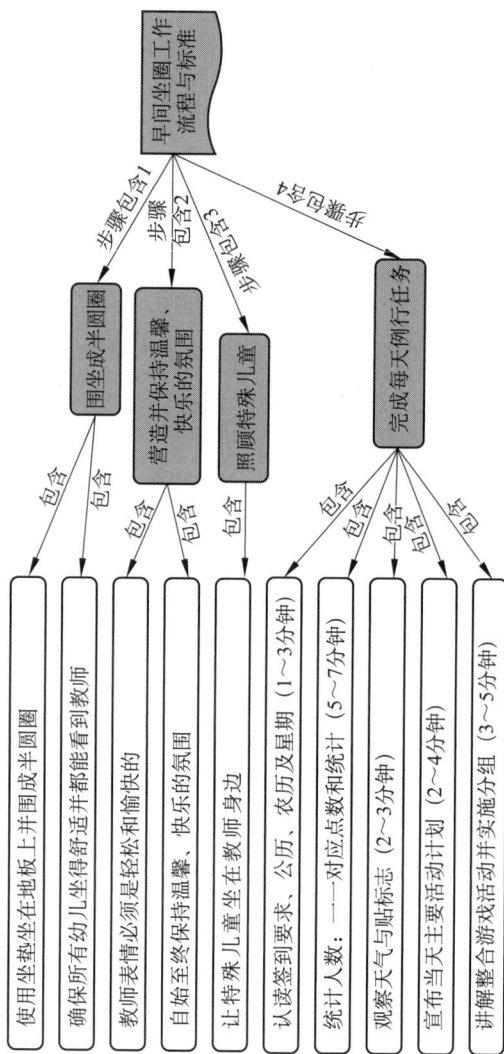

早间坐圈工作流程与标准
- 步骤包含 1 → 围坐成半圆圈
  - 包含：使用坐垫坐在地板上并围成半圆圈
  - 包含：确保所有幼儿坐得舒适并都能看到教师
- 步骤包含 2 → 营造并保持温馨、快乐的氛围
  - 包含：教师表情必须是轻松和愉快的
  - 包含：自始至终保持温馨、快乐的氛围
- 步骤包含 3 → 照顾特殊儿童
  - 包含：让特殊儿童坐在教师身边
- 活动程序包含 → 完成每天例行任务
  - 包含：认读签到要求、公历、农历及星期（1～3 分钟）
  - 包含：统计人数：一一对应点数和统计（5～7 分钟）
  - 包含：观察天气与贴标志（2～3 分钟）
  - 包含：宣布当天主要活动计划（2～4 分钟）
  - 包含：讲解整合游戏活动并实施分组（3～5 分钟）

续表

活动目标	早间坐圈的工作流程、标准、幼儿常规要求（理解、运用）
活动任务序列（导入任务描述）	经过上节课的学习，同学们已经对早间坐圈的工作流程和标准了然于心。今天我们进入早间坐圈环节的学习
师生交互过程	今天我们按照情景模拟—入园实操—复盘总结四个步骤开展今天的学习

活动任务序列（任务一——课下）

任务一知识组块

早间坐圈工作流程与课程标准

步骤包含 1 → 围坐成半圆圈
- 包含　使用坐垫坐在地板上并围成半圆圈
- 包含　确保所有幼儿得适并能看到教师

步骤包含 2 → 营造并保持温馨、快乐的氛围
- 包含　教师的表情必须是轻松和愉快的
- 包含　自始至终保持温馨、快乐的氛围

步骤包含 3 → 照顾特殊儿童
- 包含　让特殊儿童坐在教师身边

包含 → 完成每天例行任务
- 包含　认读签到要求：一一公历、农历及星期（1~3分钟）
- 包含　统计人数：一一对应点数和统计（5~7分钟）
- 包含　观察天气与贴标志（2~3分钟）
- 包含　宣布当天主要活动计划（2~4分钟）
- 包含　讲解整合游戏活动并实施分组（3~5分钟）

任务描述	课下任务一：课前观看早间坐圈线上视频课，预习"早间坐圈园一日流程环节"，《教材》"幼儿园班级管理"幼儿园常规要求，完成早间坐圈测试题。计划用时 1 小时。课下任务二：以小组为单位，撰写早间坐圈情景模拟视频脚本。计划用时 1 小时
任务时长	120 分钟
学习地点	寝室或实训室

教学策略（或学习策略）：□讲授　☑小组讨论　□答疑　□实验　☑实训　☑自主学习　☑翻转课堂　□其他（请填写）

师生交互过程（或策略）：（为了方便小组成员之间的沟通交流，采用以宿舍为单位划分小组，6 人为一组）教师发布课前任务，提供早间坐圈学习资源；学生观看早间坐圈线上视频课，预习《幼儿园一日流程》，预习《教材》早间坐圈环节——坐圈的标准、《幼儿园班级管理》——幼儿园常规要求。学委和小组长分别督促学生及时完成目学内容。每位学生完成早间坐圈测试题，并以小组为单位，撰写早间坐圈情景模拟视频脚本

续表

学习资源	早间坐圈线上视频课程《幼儿园一日流程》教材——坐圈的标准《幼儿园班级管理》教材——幼儿坐圈常常要求、早间坐圈圈测试题		
学习成果及评价标准	①依据早间坐圈线上视频课的观看时长进行打分。全部看完计10分，未看完计5分，完全未看计0分 ②早间坐圈线上测试题满分10分，系统自动给分 ③以小组为单位，提交早间坐圈情景模拟视频脚本。教师根据评分表对视频脚本打分，满分为10分，未提交小组计0分		
备注	①教学反思：学生课下观看自主学习视频时不太认真，对于工作流程的标准不熟悉，需要在课堂上加强提问，对于课下任务完成好的小组，给予加分鼓励 ②学情信息：只通过观看视频，撰写脚本时没有抓手，不知道从哪着手，希望教师提供范本参考，或者待入园后再进行脚本撰写	任务描述	展示学生早间坐圈情景模拟视频脚本，结合早间坐圈评分表进行互评讨论
		任务时长	50分钟
		学习地点	教室

活动任务序列（任务二——课上）

任务二知识组块

使用坐垫垫在地板上并围成半圆圈

确保所有幼儿坐得舒适并都能看着看到教师

教师表情必须足轻松和愉快的

自始至终保持温馨、快乐的氛围

让特殊儿童坐在教师身边

认读签到要求，公历，农历及星期（1～3分钟）

统计人数：一一对应点数和统计（5～7分钟）

观察当天气贴标志（2～3分钟）

宣布当天主要活动计划（2～4分钟）

讲解整合游戏活动并实施分组（3～5分钟）

续表

教学策略（或学习策略）	□讲授　☑小组讨论　☑答疑　□实验　☑实训　□自主学习　☑翻转课堂　□其他（请填写）
师生交互过程	教师行为：呈现早间坐圈情景模拟视频脚本，结合早间坐圈评分表组织互评讨论。 学生行为：观看视频脚本，并进行自评，互评和打分 教师：我将视频随机抽取2个小组的情景模拟脚本，请大家结合早间坐圈的标准观看视频脚本，做好记录并打分。我将请本组的一位同学进行自评，其他小组同学互评 教师：观看完第一组视频脚本后，先请第一组的同学说一说是否按照工作标准进行设计？哪里写得好？哪里需要改进？设计时遇到了哪些问题？设计还有何感受？ （可以当堂进行情景模拟） 请第二组进行点评 教师布置下次课前任务：分组进行问题情景案例讨论 ① 幼儿一直在后排打闹，不按规定坐下 ② 幼儿在拉椅子围成半圆圈的过程中，板椅子磕碰 ③ 教师前一天晚上跟家人吵架，坐圈时情绪消极 ④ 班上一名活动倾向的幼儿一直在教室中跑来跑去，其他幼儿跟风参与
学习资源	早间坐圈情景模拟视频脚本，早间坐圈评分表
学习成果评价标准	早间坐圈工作流程与标准评价表 评价标准：略
备注	① 教学反思：在未下课之前，学生对于问题发现的比较少，问题更多来自网络平台和自学视频中呈现的典型问题，之后可以将教学活动顺序进行微调，把入园观摩放在前面进行 ② 学情信息：学生课上问题情境讨论得比较热烈，特别是情景模拟环节，能够将问题情境演绎出来，加深了学生对该工作环节的认识和理解

续表

活动 2　知识建模图（课下＋课上）

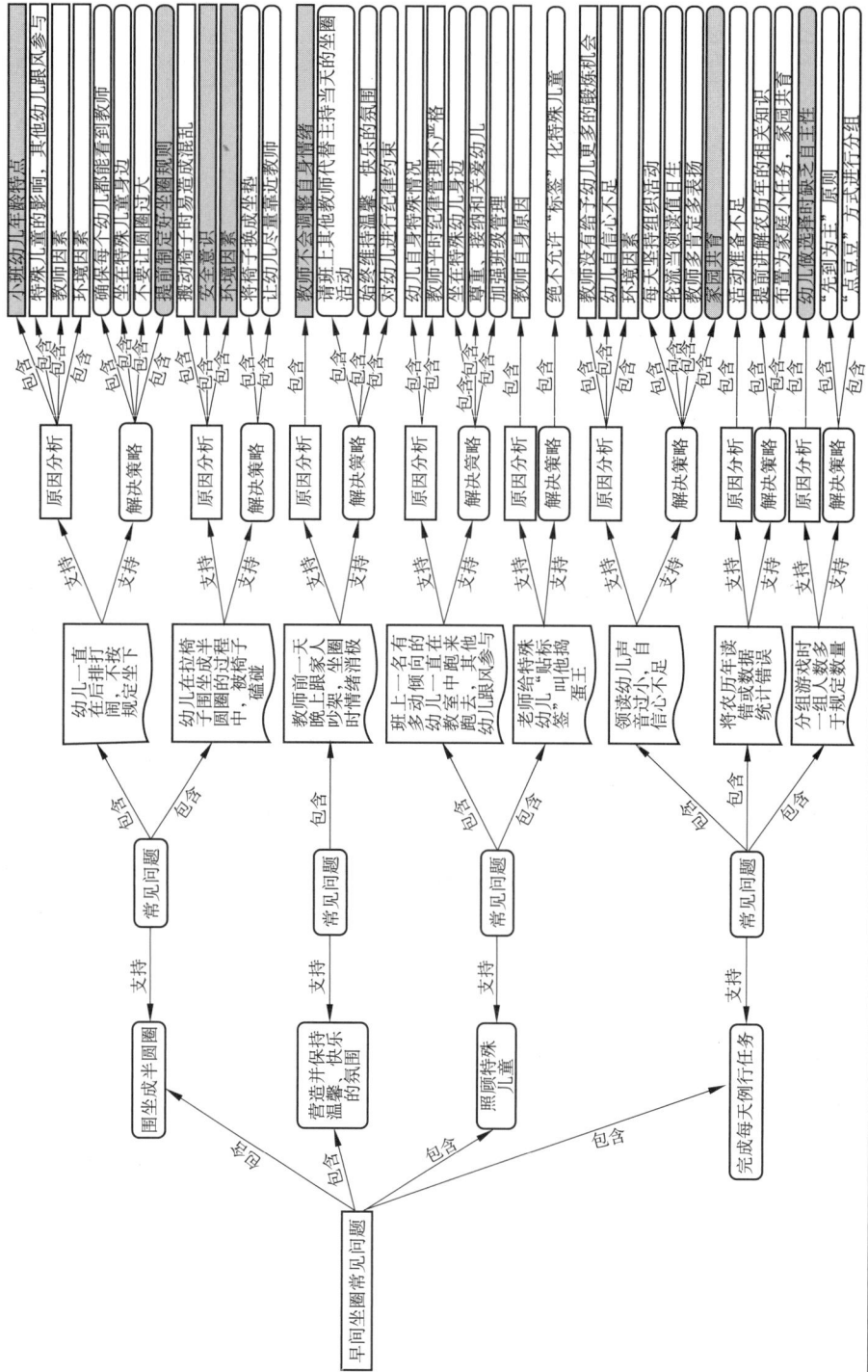

续表

活动目标	早间坐圈中的常见问题及解决策略（理解、运用）
活动任务序列（导入任务描述）：早间坐圈中的常见问题及解决策略：通过课下自主学习，同学们已经对早间坐圈的工作流程和标准了然于心。今天我们进入早间坐圈中的常见问题及解决策略的环节（理解、运用）	
师生交互过程	① 教师发布任务 ② 学生情景模拟 ③ 研讨常见问题及解决策略

活动任务序列（任务一——课下）

任务一知识组块

（流程图）

早间坐圈常见问题 → 围坐成半圆圈

围坐成半圆圈 —支持→ 营造并保持温馨、快乐的氛围

常见问题（包含）：
- 幼儿一直在后排打闹，不按规定坐下
- 幼儿在拉椅子围成半圆圈的过程中，被椅子磕碰
- 教师前一天晚上跟家人吵架，坐圈时情绪消极

原因分析（支持）：
- 包含 小班幼儿年龄特点
- 包含 特殊儿童的影响，其他幼儿跟风参与
- 包含 教师因素
- 包含 环境因素

解决策略（支持）：
- 包含 确保每个幼儿都能看到教师
- 包含 坐在特殊儿童身边
- 包含 不要让圈圈过大
- 包含 提前制定对坐圈规则

原因分析：
- 包含 搬动椅子时易造成混乱
- 包含 安全意识
- 包含 环境因素

解决策略：
- 包含 将椅子换成坐垫
- 包含 让幼儿尽量靠近教师

原因分析：
- 包含 教师不会调整自身情绪

解决策略：
- 包含 请班上其他教师代替当天的坐圈活动
- 包含 始终维持温馨与快乐的氛围
- 包含 对幼儿进行纪律约束

任务描述

课前分组讨论早间坐圈环节中的问题，并撰写情景模拟脚本（一组一个问题）
① 幼儿一直在后排打闹，不按规定坐下
② 幼儿在拉椅子围成半圆圈的过程中，被椅子磕碰
③ 教师前一天晚上跟家人吵架，坐圈时情绪消极
④ 班上一名有多动倾向的幼儿一直在教室中跑来跑去，其他幼儿跟风参与

续表

任务时长	30 分钟
上课地点	寝室或实训室

流程图内容：

早间坐圈常见问题 —包含→ 照顾特殊儿童 / 完成每天例行任务

照顾特殊儿童 —支持→ 常见问题 —包含→
- 班上一名有多动倾向的幼儿一直在教室中跑来跑去、其他幼儿跟风参与
- 教师给特殊幼儿"贴标签"叫他捣蛋王

完成每天例行任务 —支持→ 常见问题 —包含→
- 领读幼儿声音过小，自信心不足
- 将农历年读数据或统计错误
- 分组游戏时人数多一组人数定数量干规则缺乏自主性

班上一名有多动倾向的幼儿一直在教室中跑来跑去、其他幼儿跟风参与 —支持→
- 原因分析 —包含→ 幼儿自身特殊情况 / 教师平时对纪律管理不严格
- 解决策略 —包含→ 坐在特殊幼儿身边 / 尊重、接纳和关爱幼儿 / 加强班级管理

教师给特殊幼儿"贴标签"叫他捣蛋王 —支持→
- 原因分析 —包含→ 教师自身原因
- 解决策略 —包含→ 绝不允许"标签"化特殊儿童 / 教师没有给予幼儿更多的锻炼机会

领读幼儿声音过小，自信心不足 —支持→
- 原因分析 —包含→ 幼儿自信心不足 / 环境因素
- 解决策略 —包含→ 每天坚持组织阅读活动 / 轮流当领读值日生

将农历年读数据或统计错误 —支持→
- 原因分析 —包含→ 活动准备不足
- 解决策略 —包含→ 提前讲解农历年的相关知识 / 布置为家庭小任务，家园共育

分组游戏时人数多一组人数定数量干规则缺乏自主性 —支持→
- 原因分析 —包含→ 幼儿做选择时缺乏自主性 / 家园共育
- 解决策略 —包含→ "先到为主"原则 / "点豆豆"方式进行分组

教学策略（或学习策略）	☑讲授　☑小组讨论　□答疑　□实验　☑实训　□自主学习　□翻转课堂　□其他（请填写）示范

续表

师生交互过程	教师:提供案例 ①幼儿一直在后排打闹,不按规定坐下 ②幼儿在拉椅子围坐成半圆圈的过程中,被椅子磕碰 ③教师前一天晚上跟家人吵架,坐圈时情绪消极 ④班上一名有多动倾向的幼儿一直在教室中跑来跑去,其他幼儿跟风参与 教师提出要求:以小组为单位,讨论和搜集资料,分析幼儿表现及其成因,制定解决方案 学生:通过小组讨论和搜集资料,分析幼儿表现及其成因,制定解决方案
学习资源	专业基础课相关知识模块 儿童心理学、行为观察——分离焦虑、小班幼儿年龄特点、同伴冲突 幼儿园班级管理——小班家园沟通、同伴冲突事件之家园沟通技巧 幼儿社会教育——如何促进幼儿社会性发展 幼儿语言教育——如何促进幼儿社交语言发展 幼儿园环境创设——小班温馨之家主题环创,玩具材料准备"一式多份"
学习成果及评价标准	小组汇报 PPT(含问题分析与解决方案) 评价标准:按时提交计 10 分,未按时提交计 5 分
备注	①教学反思:课上研讨效果较好,可提前准备研讨架和大白纸,提高课上互动研讨效率 ②学情信息:学生课下任务完成较好

续表

任务描述	针对同学们脚本中出现的问题进行讨论,并提出对早间坐圈初次模拟情景进行指导评价
任务时长	50 分钟

活动任务序列(任务二——课上)

任务二知识组块

早间坐圈常见问题

- 围坐成半圆圈
  - 常见问题
    - 幼儿一直在后排打闹,不按规定坐下
      - 原因分析(包含)
        - 小班幼儿年龄特点
        - 特殊儿童的影响,其他幼儿跟风参与
        - 教师因素
        - 环境因素
      - 解决策略(包含)
        - 确保每个幼儿都能看到教师
        - 坐在特殊儿童身边
        - 不要让坐圈过大
        - 提前制定好坐圈规则
    - 幼儿在拉椅子围圈成半圆圈的过程中,被椅子磕碰
      - 原因分析(包含)
        - 搬动简子时易造成混乱
        - 安全意识
        - 环境因素
      - 解决策略(包含)
        - 将椅子换成坐垫
        - 让幼儿尽量靠近教师

- 营造并保持温馨快乐的氛围
  - 常见问题
    - 教师前一天晚上跟家人吵架,坐圈时情绪消极
      - 原因分析(包含)
        - 教师不会调整自身情绪
      - 解决策略(包含)
        - 请班上其他教师代替主持当天的坐圈活动
        - 始终维持温馨与快乐的氛围

- 照顾特殊儿童
  - 常见问题
    - 班上一名有多动倾向的幼儿一直在教室中跑来跑去,其他幼儿跟风参与
      - 原因分析(包含)
        - 对幼儿进行纪律约束
        - 幼儿自身特殊情况
        - 教师平时纪律管理不严格
      - 解决策略(包含)
        - 坐在特殊幼儿身边
        - 尊重、接纳和关爱幼儿
        - 加强班级管理
    - 教师给特殊幼儿"贴标签"叫他捣蛋王
      - 原因分析(包含)
        - 教师自身原因
      - 解决策略(包含)
        - 绝不允许"标签"化他特殊儿童

续表

	上课地点	校内教室或实训室

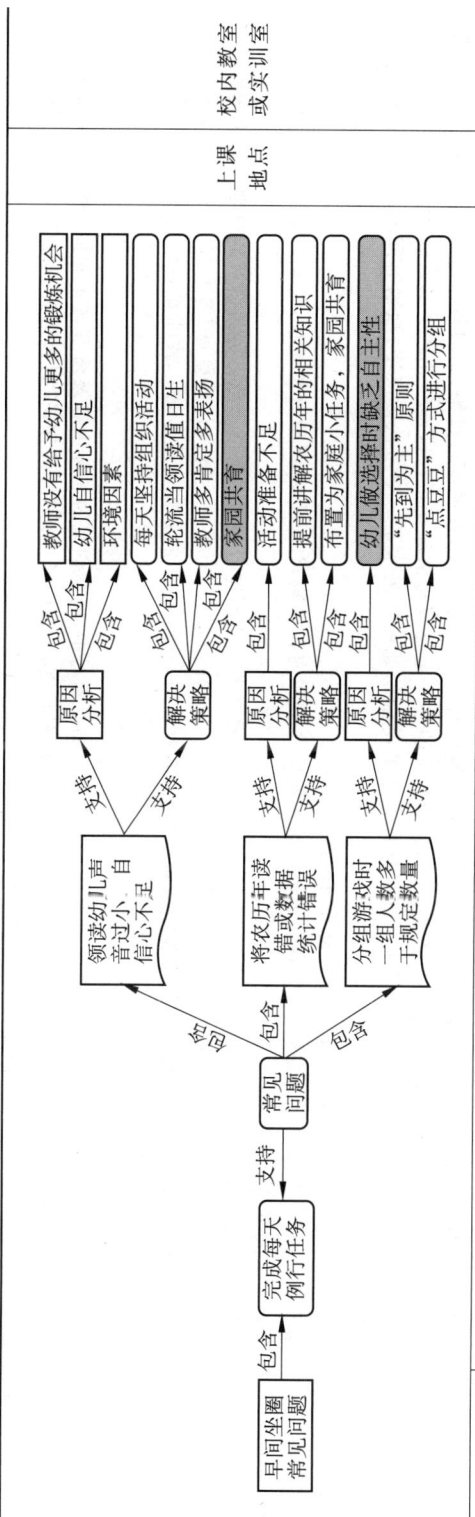

早间坐圈常见问题 —包含→ 完成每天例行任务

常见问题

- 领读幼儿声音过小,自信心不足
- 将衣坐读数据或统计错误
- 分组游戏时一组人数多于规定数量

支持 → 原因分析 / 解决策略

原因分析 包含：
- 教师没有给幼儿更多的锻炼机会
- 幼儿自信心不足
- 环境因素

解决策略 包含：
- 每天坚持组织活动
- 轮流当领读值日生
- 教师多肯定多表扬

原因分析 包含：
- 家园共育
- 活动准备不足

解决策略 包含：
- 提前讲解农历年的相关知识
- 布置为家庭小任务,家园共育

原因分析 包含：
- 幼儿做选择时缺乏自主性

解决策略 包含：
- "先到为主"原则
- "点豆豆"方式进行分组

师生交互过程

① 课前回顾：回顾早间坐圈的工作流程及标准

② 内化标准：教师针对各小组情景模拟脚本中发现的问题,课上研讨并提出解决策略,将早间坐圈环节的工作标准内化

问题一：如何组织幼儿围绕教师坐圆圈?是用坐垫好,还是用椅子更好?原因是什么?

教师：在同学们撰写的脚本中,出现了两种幼儿坐成半圆的方式。方式一是幼儿用小椅子围坐成半圆;方式二是用坐垫围坐成半圆。请同学们用 3 分钟的时间讨论一下,哪种围坐成半圆圈的方式更符合标准?

(学生现场举手回答)

参考答案：离教师近,氛围更温馨。氛围更轻松,不鼓励在地上画线或者贴点,这样会使幼儿的选择余地变小,自主选择程度降低。另外,不主张坐椅子,椅子占空间较大,由于高度和可晃动性,幼儿坐在椅子上更容易发生冲突,来回搬动椅子容易造成混乱,又浪费时间

问题二：在早间坐圈时教师如何营造并保持温馨快乐的氛围?

教师：掌握了坐圈的方式,接下来我们看下来如何营造并保持温馨快乐的氛围。在早间坐圈时教师如何营造并保持温馨快乐的氛围,主班刘老师前一天晚上跟家人吵架了,心情不佳。刘老师这样做合理吗?若不合理该怎么做?

(学生回答)

教师：没错,即使教师遭遇了任何个人问题或令人沮丧的个人事件,在面对幼儿时也必须表现得轻松愉快,始终面带微笑,并且要学会调整自己的情绪,绝不允许将消极情绪带给幼儿,更禁止迁怒于幼儿,须请班上其他教师代为主持当日坐圈活动

续表

| 师生交互过程 | 以上就是早间坐圈中前两个环节的内容，包括坐圈的方式及如何保持温馨快乐的氛围，大家在课下要及时巩固了这种情况，你会怎么做？

问题三：作为常规视角，坐圈活动中不可避免地会出现一些变数。作为主班教师，如果出现破坏规则、违反纪律等，作为主班教师，如果出现幼儿破坏规则、违反纪律等。比如某些幼儿会出现一些变数。作为常规任务——照顾特殊儿童。比如某些幼儿，如果出现了这种情况，你怎么做？
教师：下面我们来看第三个任务——照顾特殊儿童。比如某些幼儿，如果出现了这种情况，你怎么做？
老师：端端在后排跑来跑去，教师该如何处理？
（学生回答）

教师：同学们的回答得非常好。坐圈时一旦有任何幼儿讲话，教师就要停下来问说话的幼儿。"××（幼儿名字）有什么事吗？请记住
你想说什么或者一定要举手，老师允许了再讲话。"需要教师保持耐心和恒心，每次停下一再约束、一再约束上
所有幼儿都会尊重讲话的人并养成习惯！大家永远要记住：让幼儿学会聆听和尊重，比赶着完成坐圈活动更有意义！
问题四：自主签到和传统的被动点名签到有什么优势呢？

教师：下面我们来看第四个问题：自主签到和传统的被动点名签到有什么优势呢？从大家的脚本素材中，大致分为以上两种，
你觉得哪个更好？
（学生投票并作答）
教师：第二种自主签到的方式更好，可以让幼儿养成主动做事的习惯，感受秩序、发展逻辑思维，学习数概念与认字、练习手眼协调
能力与书写技能，提升幼儿的自信心。需要注意，让幼儿看得懂的字一定要写得清晰端正！这样幼儿才会喜欢认和读，幼儿在每天的
签到认识汉字活动中潜移默化地就学会了认字。签到标记还要符合幼儿的年龄水平。学习认读汉字——灌输时间概念，学习中国传统
文化。
问题五：为什么要在坐圈结束前宣布当天活动计划？
参考答案：感受事件发生的先后次序，有助于形成幼儿的秩序感和内在逻辑，让幼儿对活动有预见性，使幼儿有安全感；让幼儿对
即将发生的事情有所期待
问题六：坐圈活动后接下来进行的是分组游戏活动，因此，需要对游戏活动进行简单讲解或示范。分组游戏的原则是什么呢？
教师提问同学们后作答参考策略：自主性原则（由幼儿自己选择做什么）为基础，可使用"点豆豆"等方式进行分组，确保自由、
公平、公正。一旦发生某一组人数低于规定数量的情况，需要根据"先到为主"的原则解决此矛盾。教师要对因此产生挫折感的幼儿
进行安慰
问题七：例行任务的流程和标准有哪些？
教师：下面来看最后一个问题，这也是本节课的重点内容。脚本素材中，同学们写的任务内容及流程各不相同，老师根据同学们撰
写的脚本内容，跟往届同学们一起设计了这样一套签到板游戏道具，请同学结合我们班的签到流程。小组讨论，制定一个
合理的签到板游戏流程。给同学们3分钟的时间讨论，将结果写在大白纸上面 |

续表

师生交互过程	我们来看一下各小组的答案 （学生讨论后合作） 参考答案： 第一个环节：认读签到要求。公历、农历及星期（1～3 分钟）。比如：小朋友们早上好，请用 1 签到。今天是 2023 年 6 月 1 日，星期四，农历癸卯兔年四月十四 第二个环节：统计人数：一一对应点数和记录（5～7 分钟） 第三个环节：观察天气与贴标志（2～3 分钟） 第四个环节：宣布当天主要活动计划（2～4 分钟） 第五个环节：讲解整合游戏活动并实施分组（3～5 分钟） ③ 情景模拟：教师以抽签的方式，选择一个小组进行课上展示，各组观摩并记录评价 ④ 展示互评：师生共同分析点评、互相借鉴，优化各组每日坐圈工作方案 ⑤ 点评总结：教师点评总结 ⑥ 发布任务：教师发布课后任务，为下周做好准备
学习资源	幼儿一直在后排打闹，不按规定坐下；幼儿在拉椅子围坐半圆圈的过程中，被椅子磕碰；教师前一天晚上跟家人吵架，坐圈时情绪消极；班上一名有多动倾向的幼儿一直在教室中跑来跑去，其他幼儿跟风参与 专业基础课相关知识模块 儿童心理学 行为观察——分离焦虑，小班幼儿年龄特点，同伴冲突 幼儿园班级管理——小班家园沟通，同伴冲突社会性发展 幼儿社会教育——如何促进幼儿的社会性发展 幼儿语言教育——如何促进幼儿的社交语言发展 幼儿园环境创设——小班温馨之家主题环境，玩具材料准备"一式多份"
学习成果评价标准	根据小组汇报和讨论情况进行打分，满分 10 分。 小组汇报点评标准： ① 多角度原因分析至少 2 条，且科学合理（4 分） ② 提出的解决策略至少 3 条，且科学合理，具有可操作性（6 分） 参与讨论学生一次加 1 分，每人每节上课上限 3 分
备注	① 教学反思：课上情景模拟的时候，个别小组放不开，只是将工作流程和标准展现出来，没有凸显问题情境 ② 学情信息：工作流程和标准信息，学生掌握得比较熟练了

续表

活动3 知识建模图（课下）

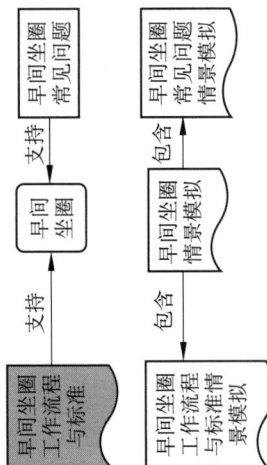

活动目标	早间坐圈情景模拟（理解、运用）
活动任务序列（导入任务描述）：今天课上，我们一同来看一下各小组录制的情景模拟视频，为下次入园做好准备	
师生交互过程	教师提前从学习中心平台中导出各小组拍摄剪辑的情景模拟作业、课上播放，并通过互评、师评的方式帮助学生总结提炼

活动任务序列（任务一——课下）

任务一知识组块

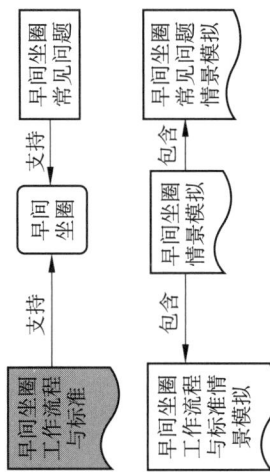

任务描述	根据优化后的视频脚本及常见问题解决策略，录制早间坐圈情景模拟完整视频（用坐圈成半圆圈——营造并保持温馨、快乐的氛围——照顾特殊儿童——完成每天训行任务）体现出常见问题的处理
任务时长	120分钟
学习地点	实训室或寝室

教学策略（或学习策略）	☑讲授　☑小组讨论　□答疑　□实验　☑实训　□自主学习　□翻转课堂　□其他（请填写）
注意事项：教学形式恰当，每次课上有充分的师生互动时间与空间，能够体现教师独立积累的教学方法最好	

续表

师生交互过程	教师布置作业，提出要求：① 优化视频脚本以及常见问题解决策略；② 视频录制前、中、后的注意事项（略）；③ 按时提交；④ 参考评分标准 学生以小组为单位在实训室录制视频
学习资源	情景案例类：幼儿在拉椅子围坐成半圆圈的过程中，被椅子磕碰案例，教师给特殊幼儿"贴标签"叫他揭蛋王案例 教材类：《幼儿园一日流程》《幼儿园班级管理》幼儿坐圈常规要求、情景模拟视频评分标准 早间坐圈情景模拟道具、实训室
学习成果评价标准	① 早间坐圈情景模拟视频（含常见问题） ② 早间坐圈情景模拟（含问题处理）评分表如下

早间坐圈	23	使用坐垫坐在地板上围成圈
	24	保证所有幼儿坐得舒适并能看到教师
	25	教师的表情是轻松和愉快的
	26	自始至终保持温馨、快乐的氛围
	27	让特殊儿童挨着教师坐
	28	认读日历：公历与农历及星期（1~3 分钟）
	29	统计人数：对应点数和统计（5~7 分钟）
	30	观察天气与贴标志（2~3 分钟）
	31	宣布当天主要活动计划（2~4 分钟）
	32	讲解教学活动并实施分组（3~5 分钟）

备注	① 教学反思：通过课前查看学生录制的情景模拟视频，发现同学们对工作流程和标准理解得不够全面，与幼儿园实际工作情况存在差距 ② 学情信息：学生录制视频比较认真，配合的有字幕，剪辑流畅

续表

任务二知识组块：

活动任务序列（任务二——课上）		
任务描述	各组观摩其他小组情景模拟视频作业，师生共同分析点评、互相借鉴、优化各组早同坐圈工作方案，为入园实操做准备	
任务时长	50分钟	
学习地点	教室	
教学策略（或学习策略）	☑讲授　☑小组讨论　□答疑　□实验　☑实训　□自主学习　□翻转课堂　□其他（请填写）_____ 注意事项：教学形式恰当，每次课上有充分的师生互动时间与空间，能够体现教师独立积累的教学方法最好	
师生交互过程	教师了解各组小组情景模拟情况，发现问题，及时解决 教师展示优化后的情景模拟视频，各组观摩其他小组情景模拟，师生共同分析点评、互相借鉴、优化各组早间接待工作方案	
学习资源	优化后的情景模拟视频视频脚本 情景案例品类：幼儿园在拉椅子围坐成半圆圈之坐圈的标准《早间坐圈》幼儿"贴标签"叫他揭蛋王案例，教师给特殊幼儿"贴标签"案例 教材品类：《幼儿园班级管理》幼儿坐圈常规要求，情景模拟视频评分标准 早间坐圈情景模拟道具、实训室	
学习成果评价标准	①早间坐圈情景模拟完整视频（含常见问题处理过程） ②早间坐圈情景模拟评分表	

续表

早间坐圈	23	使用坐垫坐在地板上并围成圈
	24	保证所有幼儿坐得舒适并能看到教师
	25	教师的表情必须是轻松和愉快的
	26	自始至终保持温馨、快乐的氛围
	27	让特殊儿童挨着教师身边坐
	28	认读日历：公历与农历及星期（1～3 分钟）
	29	统计人数：一一对应点数和统计（5～7 分钟）
	30	观察天气与贴标志（2～3 分钟）
	31	宣布当天主要活动计划（2～4 分钟）
	32	讲解教学活动并实施分组（3～5 分钟）
学习成果评价标准		
备注		① 教学反思：经过课上的研讨，学生对于情景问题都有了一些心得和解决办法，而且对校园充满期待和信心 ② 学情信息：通过研讨，学生表示收获很大。学生很喜欢目前上课的方式，课上发言觉不那么紧张了

活动 4 知识建模图（课上+课下）

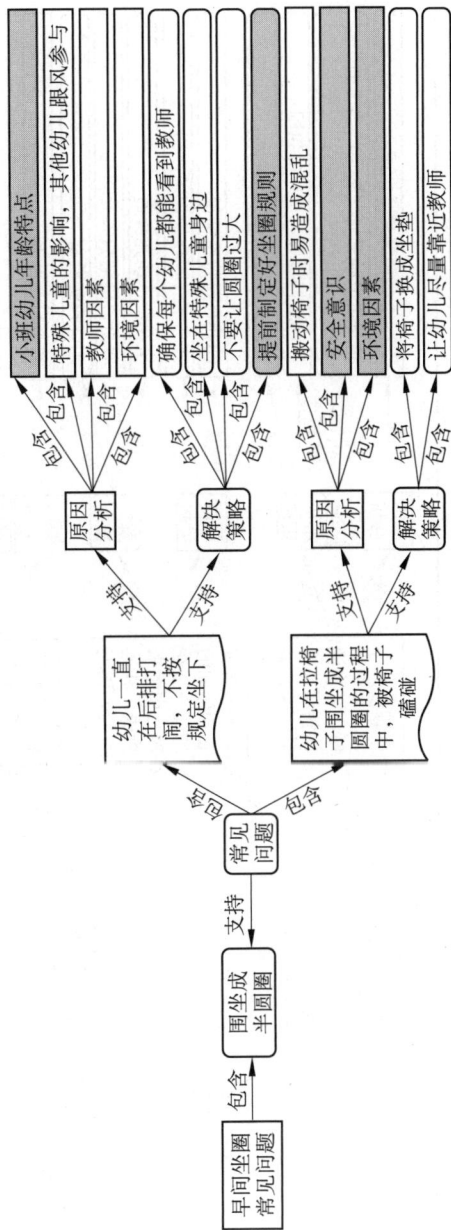

早间坐圈常见问题 ——包含→ 围坐成半圆圈 ——支持→ 常见问题

常见问题 包含：

（1）幼儿一直在后排打闹，不按规定坐下
- 支持 → 原因分析，包含：
  - 小班幼儿年龄特点
  - 特殊儿童的影响，其他幼儿跟风参与
  - 教师因素
  - 环境因素
- 支持 → 解决策略，包含：
  - 确保每个幼儿都能看到教师
  - 坐在特殊儿童身边
  - 不要让圆圈过大
  - 提前制定好坐圈规则

（2）幼儿在拉椅子围坐半圆圈的过程中，被椅子磕碰
- 支持 → 原因分析，包含：
  - 搬动椅子时易造成混乱
  - 安全意识
  - 环境因素
- 支持 → 解决策略，包含：
  - 将椅子换成坐垫
  - 让幼儿尽量靠近教师

续表

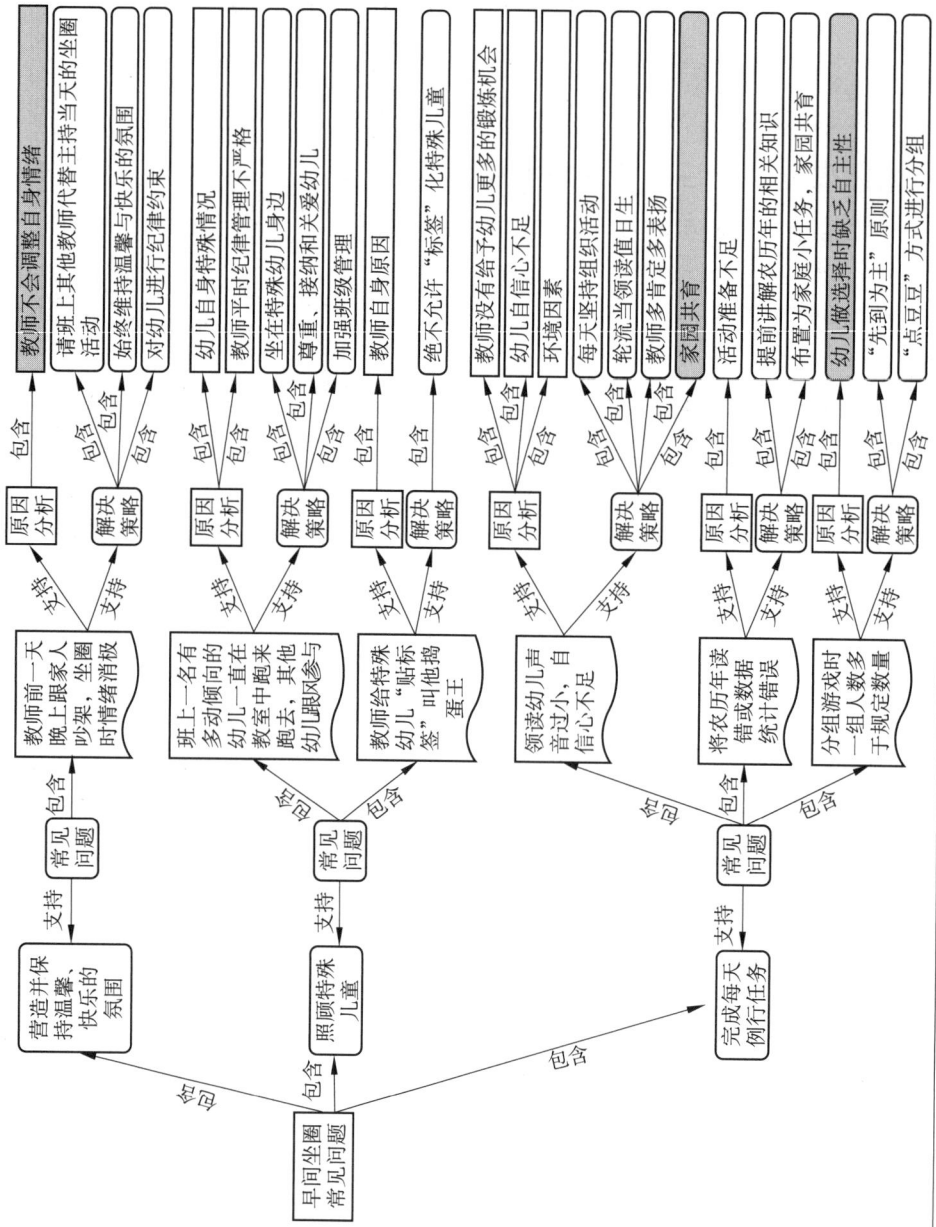

续表

活动目标	早间坐圈真实场景操作（运用）
活动任务序列（导入任务描述）：早间坐圈操作的主要环节就是早间坐圈，同学们好，今天我们入园实操，同学们入园要遵守园所的纪律要求，除了拍摄作业的时候携带手机，其他时间一律将手机放入包内，入院后要主动寻求上手实践的机会，小组成员之间要相互配合，对不懂的地方，要大胆向主班老师寻求帮助	
师生交互过程	① 同学们按照时间节点在幼儿园门口集合 ② 学委点名，教师强调入园纪律及当天入园安排 ③ 同学们依次进入提前分配好的年龄班进行实操

任务一 知识组块

活动任务序列（任务下——课下）

流程图

- 早间坐圈常见问题
  - （包含）围坐成半圆圈
  - （包含）营造并保持温馨、快乐的氛围

- 围坐成半圆圈 —支持/常见问题→
  - 幼儿一直在后排打闹，不按规定坐下
  - 幼儿在拉椅子围圈的过程中，教师椅子磕碰

- 营造并保持温馨、快乐的氛围 —支持/常见问题→
  - 教师前一天晚上跟家人吵架，坐圈时情绪消极

- 幼儿一直在后排打闹，不按规定坐下 —支持→
  - 原因分析（包含）
    - 小班幼儿年龄特点
    - 特殊儿童的影响，其他幼儿跟风参与
    - 教师因素
    - 环境因素
  - 解决策略（包含）
    - 确保每个幼儿都能看到教师
    - 坐在特殊儿童身边
    - 不要让圆圈过大
    - 提前制定好坐圈规则

- 幼儿在拉椅子围圈的过程中，教师椅子磕碰 —支持→
  - 原因分析（包含）
    - 搬动椅子时易造成混乱
    - 安全意识
    - 环境因素
  - 解决策略（包含）
    - 将椅子换成坐垫
    - 让幼儿尽量靠近教师

- 教师前一天晚上跟家人吵架，坐圈时情绪消极 —支持→
  - 原因分析（包含）
    - 教师不会调整自身情绪
  - 解决策略（包含）
    - 请其他教师代替主持当天坐圈活动
    - 始终维持温馨与快乐的氛围
    - 对幼儿进行纪律约束

任务描述
在幼儿园完成早间坐圈半圆圈工作（围坐成半圆圈，营造并保持温馨、快乐的氛围，照顾特殊儿童一完成每天例行任务）

续表

	任务时长	100 分钟	学习地点	花溪路幼儿园/贝瑞斯幼儿园/省实验幼儿园/紫荆华庭幼儿园/佳英幼儿园

任务一 知识组块

早间坐圈常见问题 —包含→ 照顾特殊儿童 ／ 完成每天例行任务

照顾特殊儿童 —常见问题—

- 班上一名有多动倾向的幼儿一直在教室中跑来跑去，其他幼儿跟风参与
  - 原因分析 —包含→ 幼儿自身特殊情况 / 教师平时纪律管理不严格 / 坐在特殊幼儿身边
  - 解决策略 —包含→ 尊重、接纳相关幼儿 / 加强班级管理
- 教师给特殊幼儿"贴标签"，叫他捣蛋王
  - 原因分析 —包含→ 教师自身原因
  - 解决策略 —包含→ 绝不允许"标签"化特殊儿童 / 教师没有给孩子幼儿更多的锻炼机会

完成每天例行任务 —常见问题—

- 领读幼儿声音过小、自信心不足
  - 原因分析 —包含→ 幼儿自信心不足 / 环境因素
  - 解决策略 —包含→ 每天坚持组织读活动 / 轮流当领读值日生 / 教师多肯定多表扬
- 将衣历年数据统计错误
  - 原因分析 —包含→ 活动准备不足
  - 解决策略 —包含→ 提前讲解衣历年的相关知识
- 分组游戏时一组人数多干规定数量
  - 原因分析 —包含→ 布置为家庭小任务，家园共育 / 幼儿做选择时缺乏自主性
  - 解决策略 —包含→ "先到为主"原则 / "点豆豆"方式进行分组

教学策略（或学习策略）　□讲授　☑小组讨论　□答疑　□实验　☑实训　□自主学习　□翻转课堂　□其他（请填写）

续表

师生交互过程	教师给实操学生和观摩学生交代具体任务和注意事项，如观摩学生做好观察记录，对实操学生进行拍照和录视频；约定实操观摩的结束时间和复盘地点（幼儿园会议室/教室或学校教室） 学生实操时，教师根据情况适时指导		
学习资源	无		
学习成果及评价标准	早间坐圈观察记录表（提交后计 5 分）		
	早间坐圈	23	使用坐垫坐在地板上并围成圈
		24	保证所有幼儿坐得舒适并都能看着教师
		25	教师表情必须是轻松和愉快的
		26	自始至终保持温馨、快乐的氛围
		27	让特殊儿童挨着教师身边坐
		28	认读日历：公历与农历及星期（1~3 分钟）
		29	统计人数：一一对应点数和统计（5~7 分钟）
		30	观察天气与贴标志（2~3 分钟）
		31	宣布当天主要活动计划（2~4 分钟）
		32	讲解教学活动并实施分组（3~5 分钟）
备注	① 教学反思：早间坐圈环节属于比较特殊的一个环节，各个幼儿园的早间坐圈的形式和方法存在差异，如不是每个幼儿园都有签到板这类教具。这给学生实操带来了一定影响。不过，一部分学生应变能力比较强，通过跟主班老师沟通，采用所在园所的方式，也完成了坐圈活动 ② 学情信息：学生入园后，发现问题较多，入园积极性比较高		

续表

任务描述	早间坐圈工作 早间坐圈复盘
任务时长	50 分钟

任务二知识组块

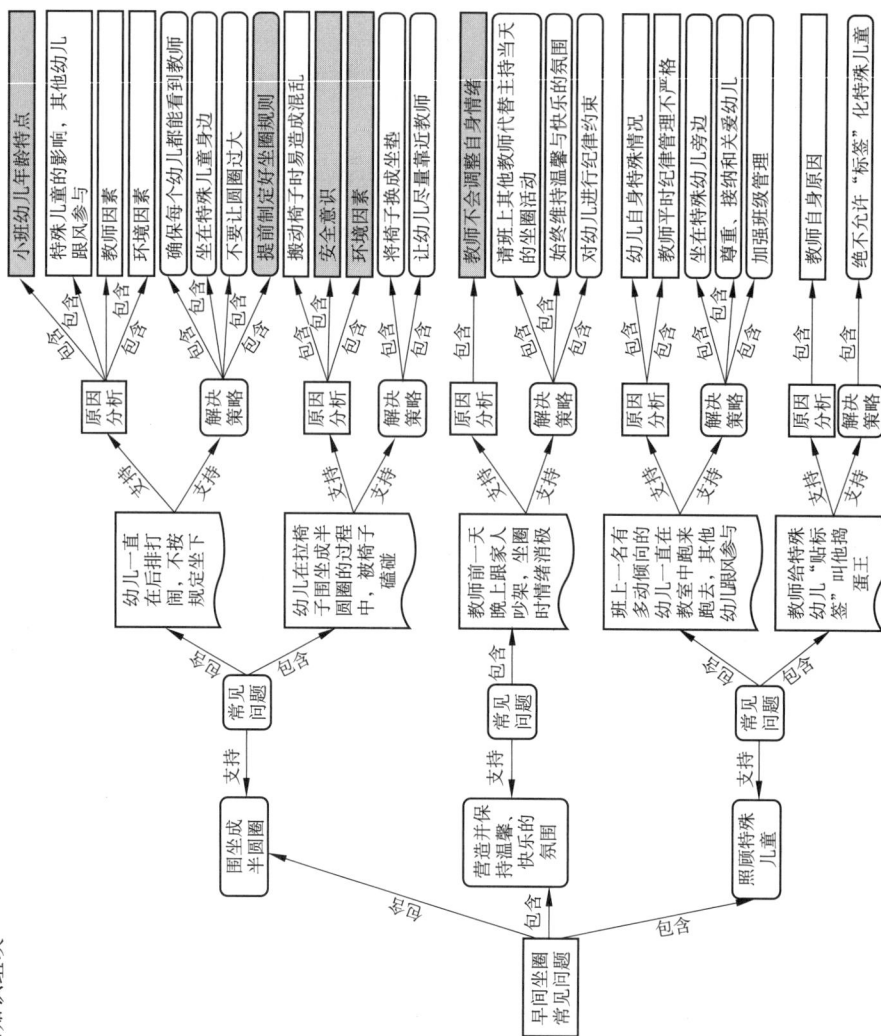

活动任务序列（任务二——课上）

早间坐圈常见问题
- 包含 → 围坐成半圆圈
- 包含 → 营造并保持温馨、快乐的氛围
- 包含 → 照顾特殊儿童

围坐成半圆圈
- 支持 → 常见问题：幼儿一直在后排打闹，不按规定坐下
  - 支持 → 原因分析
    - 包含：小班幼儿年龄特点
    - 包含：特殊儿童的影响，其他幼儿跟风参与
    - 包含：教师因素
    - 包含：环境因素
  - 支持 → 解决策略
    - 包含：确保每个幼儿都能看到教师
    - 包含：坐在特殊儿童身边
    - 包含：不要让圆圈过大
    - 包含：提前制定好坐圈规则
- 包含 → 常见问题：幼儿在拉椅子围坐成半圆圈的过程中，被椅子磕碰
  - 支持 → 原因分析
    - 包含：搬动椅子时易造成混乱
    - 包含：安全意识
    - 包含：环境因素
  - 支持 → 解决策略
    - 包含：将椅子尽量靠近教师
    - 包含：让幼儿尽量成坐垫

营造并保持温馨、快乐的氛围
- 支持 → 常见问题：教师前一天晚上跟家人吵架，坐圈时情绪消极
  - 支持 → 原因分析
    - 包含：教师不会调整自身情绪
  - 支持 → 解决策略
    - 包含：请班上其他教师代替当天的坐圈活动
    - 包含：始终维持温馨与快乐的氛围
    - 包含：对幼儿进行纪律约束

- 支持 → 常见问题：班上一名有多动倾向的幼儿一直在教室中跑来跑去，其他幼儿跟风参与
  - 支持 → 原因分析
    - 包含：幼儿自身特殊情况
    - 包含：教师平时对纪律管理不严格
  - 支持 → 解决策略
    - 包含：坐在特殊幼儿旁边
    - 包含：尊重、接纳和关爱幼儿
    - 包含：加强班级管理

照顾特殊儿童
- 支持 → 常见问题：教师给特殊幼儿"贴标签"叫他捣蛋王
  - 支持 → 原因分析
    - 包含：教师自身原因
  - 支持 → 解决策略
    - 包含：绝不允许"标签"化特殊儿童

续表

教学策略 (或学习策略)		学习地点	教室或幼儿园多功能教室

教学策略(或学习策略)：

□讲授　☑小组讨论　☑答疑　□实训　□实验　□自主学习　□翻转课堂　□其他(请填写)示范

注意事项：教学形式恰当,每次课上有充分的观摩时间与空间,能够体现教师独立积累的教学方法最好

师生交互过程：

首先,教师请实操学生先进行自评(优点、不足和问题);

其次,教师请观摩的学生分享自己的看法(重点分享发现的问题和看法建议;

学生可能遇到的新问题

① 有一个孩子就是不听劝、坐圈全程在后面乱跑

② 幼儿紧张得说不出话,无法完成领读任务

……

教师适时点评,引导学生找到问题的解决办法,提醒学生做好过程记录(照片、视频)

教师：针对以上问题,大家畅所欲言,谈一谈自己的看法。很多同学问题都聚焦在了幼儿身上,说明我们对幼儿的需要进一步观察和沟通,不要轻易下结论贴标签。对于调皮的那个幼儿(一直乱跑),你们有哪些好办法?既不伤害幼儿的心理,又能解决问题。比如

续表

师生交互过程	…… 最后,由教师或学生总结。教师布置下一步任务:梳理实操经验,与幼儿园实践导师、幼儿沟通交流,进一步查阅资料,撰写反思笔记(图文并茂),完善小组问题集及解决方案		
学习资源	早问坐圈观察记录表,拍摄照片及录制视频,复盘讨论记录		
学习成果及评价标准	早问坐圈观察记录表(提交后计5分)		
	早问坐圈	23	使用坐垫坐在地板上并围成圈
		24	保证所有幼儿坐得舒适并都能看到教师
		25	教师的表情必须是轻松和愉快的
		26	自始至终保持温馨、快乐的氛围
		27	让特殊儿童挨着教师坐
		28	认读日历:公历与农历及星期(1~3分钟)
		29	统计人数:一一对应点数和统计(5~7分钟)
		30	观察天气与贴标志(2~3分钟)
		31	宣布当天主要活动计划(2~4分钟)
		32	讲解教学活动并实施分组(3~5分钟)
备注	①教学反思:复盘研讨环节,学生就之前情景问题提出了一些新办法,同时又发现了一些新问题,课堂研讨氛围很好 ②学情信息:学生反馈下园后收获很大,感觉对于工作流程和标准有了新的体会,理解有了所蕴含的教育价值		

续表

任务一 知识组块

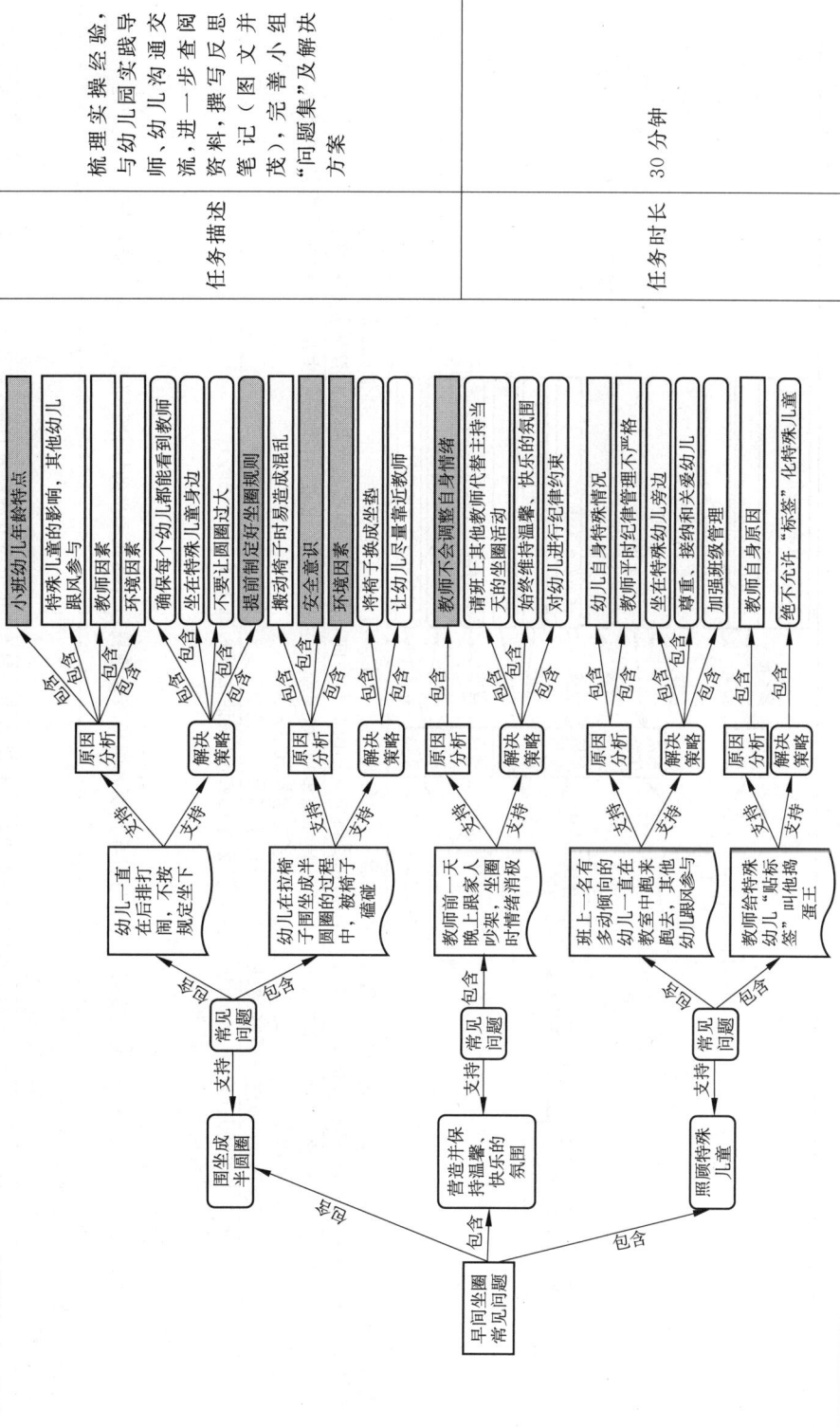

活动任务序列（任务三——课下）

任务描述	梳理实操经验，与幼儿园实践导师、幼儿沟通交流，进一步查阅资料，撰写反思笔记（图文并茂），完善小组"问题集"及解决方案
任务时长	30分钟

常见问题：
- 幼儿一直在后排打闹，不按规定坐下
- 幼儿在拉椅子围圈的过程中，被椅子磕碰
- 教师前一天晚上跟家人吵架，坐圈时情绪消极
- 班上一名有多动倾向的幼儿一直在教室中跑来跑去，其他幼儿跟风参与
- 教师给特殊幼儿"贴标签"，叫他捣蛋王

原因分析 / 解决策略 包含：
- 小班幼儿年龄特点
- 特殊儿童的影响，其他幼儿跟风参与
- 教师因素
- 环境因素
- 确保每个幼儿都能看到教师
- 坐在特殊儿童身边
- 不要让圆圈过大
- 提前制定好坐圈规则
- 搬动椅子时易造成混乱
- 安全意识
- 环境因素
- 将椅子换成半圆坐垫
- 让幼儿尽量靠近教师
- 教师不会调整自身情绪
- 请班上其他教师代替主持当天的坐圈活动
- 始终维持温馨、快乐的氛围
- 对幼儿进行纪律约束
- 幼儿自身特殊情况
- 教师平时对纪律管理不严格
- 坐在特殊幼儿旁边
- 精重、接纳和关爱幼儿
- 加强班级管理
- 教师自身原因
- 绝不允许"标签"化特殊儿童

围坐成半圆圈

营造并保持温馨、快乐的氛围

照顾特殊儿童

早间坐圈常见问题

续表

学习地点	寝室或自习室

教学策略（或学习策略）	

早间坐圈常见问题 —包含→ 完成每天例行任务
支持　常见问题
领读幼儿声音过小，自信心不足
将衣历年阅读情况统计错误
分组游戏时一组人数多，手规定数量

原因分析 —支持→ 教师没有给幼儿更多的锻炼机会；幼儿自信心不足；环境因素
解决策略 —支持→ 每天坚持组织活动；轮流当领读值日生；教师多肯定多表扬；**家园共育**

原因分析 —支持→ 活动准备不足；提前讲解衣历年的相关知识
解决策略 —支持→ 布置为家庭小任务，家园共育

原因分析 —支持→ **幼儿做选择时缺乏自主性**
解决策略 —支持→ "先到为主"原则；"点豆豆"方式进行分组

师生交互过程	□讲授　☑小组讨论　□答疑　□实验　□实训　☑自主学习　□翻转课堂　□其他（请填写） 注意事项：教学形式恰当，每次课上有充分的师生互动时间与师生互动；每次课堂学生交代具体任务和注意事项，如课前会议室或学校教室学生实操的结束时间和复盘地点（幼儿园会议室或教室或学校教室），根据情况适时给予指导；教师实操进行观察，能够体现教师独立观察记录；约定实操学生进行拍照和录视频，对实操学生因为一些的结束时间积累教学方法最好。
学习资源	① 所在班级学生（观察、谈话、作品分析法等）、家长（谈话法等）、班主任（谈话法等） ② 网络平台资源，如小红书、抖音等 ③ 学术网站，如知网、维普等 ④ 课程平台资源，如网、维普、万方等 ⑤ 教材及参考书：《学前儿童行为观察与引导》《幼儿园班级管理技巧》《幼儿园里的"问题"儿童》《家园沟通技巧》 ……
学习成果及评价标准	① 反思笔记（提交后计5分） ② 小组"问题集"（提交后计5分）
备注	① 教学反思：通过"自学—撰写脚本—情景模拟—复原实操—复盘"几个环节的反复打磨，该环节又学会应对复杂同题的办法，同时又掌握了该岗位任务实操能力训练形成时 ② 学情信息：学生整体任务完成情况较好，通过查阅学生记录的"学习笔记"，发现大部分学生真正做到了学以致用，个别学生因为一些突发情况，没有来得及上手实操及上手实操，建议多增加入园实操时长

（三）实施过程

1. 课前

教师发布课前任务,提供早间坐圈学习资源;学生观看早间坐圈线上视频课,预习《幼儿园一日流程》教材早间坐圈环节——坐圈的标准,《幼儿园班级管理》——幼儿坐圈常规要求。学委和小组长分别督促学生及时完成自学内容。每位学生完成早间坐圈测试题,并以小组为单位,撰写早间坐圈情景模拟视频脚本。

2. 课中

教师行为:呈现早间坐圈情景模拟视频脚本,结合早间坐圈评分表组织互评讨论。

学生行为:观看视频脚本,并进行自评、互评和打分。

教师:我将随机抽取 2 个小组的情景模拟视频脚本,请大家结合早间坐圈的标准观看视频脚本,做好记录并打分。看完视频脚本,我将请本组的一位同学进行自评,其他小组同学互评。

教师:观看完第一组视频脚本后,先请第一组的同学说一说:你们是否按照工作标准进行设计?哪里写得好?哪里需要改进?设计时遇到了哪些问题?设计完有何感受?(可以当堂进行情景模拟)

教师布置下次课前任务:分组进行问题情景案例讨论。幼儿一直在后排打闹,不按规定坐下;幼儿在拉椅子围坐成半圆圈的过程中,被椅子磕碰;教师前一天晚上跟家人吵架,坐圈时情绪消极;班上一名有多动倾向的幼儿一直在教室中跑来跑去,其他幼儿跟风参与。

3. 课后

课后学生完成课前分组讨论早间坐圈环节中的问题,并撰写情景模拟脚本(一组一个问题)。

（四）教学评价

本课程着重考核学生的一日流程实操能力、教育理念和学习品质。采取终结性评价和过程性评价相结合的综合考核方式,既考核了学生对幼儿园一日流程标准的掌握情况,又考核了学生的教育理念和学习品质。

$$总评成绩＝平时成绩×40％＋结项考核×60％$$

平时成绩占 40％,100 分。

（1）出勤（4％）:共 100 分。迟到扣 2 分,早退扣 5 分,请假扣 1 分,旷课扣 10 分。

（2）观看微课情况（4％）10 分×10 个,共 100 分。全部看完计 10 分,未看完计 5 分,完全未看计 0 分。

（3）学习笔记与反思（4％）10 分×10 个,共 100 分。提交即可计 10 分,未提交计 0 分。

（4）小组情景模拟视频（脚本）10 分×10 个（8%），共 100 分（以早间接待为例）。

（5）小组汇报 10 分×10 次（8%），共 100 分。根据小组汇报和讨论情况进行打分，共 10 分/次课。

① 多角度原因分析至少 2 条，且科学合理（4 分）；

② 提出的解决策略至少 3 条，且科学合理，具有可操作性（6 分）。

（6）小组"问题集"（4%）10 分×10 个，共 100 分，评分标准如下。

① 问题集包含十大环节（5 分）；

② 每个环节至少三个常见问题（15 分）；

③ 多角度分析问题，每个问题的原因分析至少两条且合理（20 分）；

④ 多方面提出解决策略，每个问题的解决策略至少三条且具有操作性、合情合理（30 分）；

⑤ 参考文献资料充分，信息量大，有较大参考价值（20 分）；

⑥ 格式字体符合要求，图文并茂（10 分）。

（7）个人或小组积分（4%）：包括课堂回答问题、小组汇报发言、复盘发言、线上讨论等，共 100 分。积分制度与规则如下。

① 正常情况下，每组每次每人积 2~5 分，如课堂回答问题、小组汇报发言、复盘发言、线上讨论；

② 主动回答问题加 2 分，被动回答不加分；

③ 小组加分可以直接加在每个小组成员积分上；

④ 有临时任务安排的，根据情况加分，每次每人不超过 5 分；

⑤ 小组长、学委做好加分记录，至少每周公示 1 次；

⑥ 做出突出贡献的学生和承担重要角色的学生（小组长、学委、班长等），根据贡献量酌情加分。

（8）线上测验（4%）：10 分×10 次，共 100 分，系统自动出分。

结项考核占 60%，100 分。

《幼儿园一日流程》技能考核评分表（30%），共 100 分，评分标准如表 4-13 所示。

《幼儿园一日流程》素养考核评分表（30%），共 100 分，评分标准如表 4-14 所示。

学生成果如下。

小组成果 1：精品视频。

小组成果 2：常见问题集。

个人成果：学习心得总结"大白本"。

激励评价：颁发电子证书（五星评价）。

表 4-13 "幼儿园一日流程"技能考核评分表（共 100 分）

幼儿园：　　　　　幼儿班级：　　　　　打分人：　　　　　时间：　　　　　成绩：

评价项目	评 价 标 准	分值	自我评价	园所导师	高校导师
早间接待 （共 16 分）	微笑,用幼儿的名字打招呼,蹲下身热情拥抱幼儿,让幼儿同家长说再见	1			
	与幼儿进行个性化互动	1			
	和家长交流同时照看幼儿	1			
	维护好签到设备(笔、板、擦),让幼儿不需帮助自己拿到笔并签到	1			
	在签到板上用正楷字写出签到提示,签到标识要符合幼儿的年龄水平	1			
	为早上来园幼儿开放区角进行自由活动,并将开放区域写在提示板上	1			
	须在每个区角张贴规则,并持续以纪律约束手段实施,直到养成习惯	1			
	每个区域须整洁有序,玩具和材料随时处在"有准备"状态	1			
	通过播放所规定的音乐,实施潜课程	1			
	在班上以轮换方式实施"值日生"制度	1			
	以"预警"方式指示幼儿结束自由活动	1			
	耐心等待,直到幼儿将所有玩具归位和开放区收拾完毕	1			
	为幼儿提供必要帮助	1			
	能够科学合理地解决 2～3 个常见问题	3			
用餐 （共 12 分）	教师间、师幼间及幼儿间交流须使用礼貌语	1			
	闭嘴咀嚼,喝汤无声,随时擦嘴,不可以故意敲击餐具	1			
	咳嗽或打喷嚏要用小臂背面罩住鼻子和嘴	1			
	餐桌上交谈要轻声慢语	1			
	在全部幼儿进餐时,教师要坐下来与幼儿一起用餐并与其互动	1			
	介绍饭、菜、汤名称,传授必需营养成分的知识,说明偏食的害处	1			
	对每餐先吃完的幼儿进行有目的、有组织的管理	1			

评价项目	评价标准	分值	自我评价	园所导师	高校导师
用餐 (共12分)	训练幼儿自己盛饭菜、端饭菜和饭后清理并送餐具到指定地方	1			
	用餐环节播放潜课程音乐	1			
	能够科学合理地解决2～3个常见问题	3			
早间坐圈 (共12分)	使用坐垫坐在地板上并围成圈	1	（若无 该环节 可不填）		
	保证所有幼儿坐得舒适并都能看到教师	1			
	教师的表情必须是轻松和愉快的	1			
	自始至终保持温馨、快乐的氛围	1			
	让特殊儿童挨着教师坐	1			
	认读日历：公历与农历及星期(1～3分钟)	1			
	统计人数：一一对应点数和统计(5～7分钟)	1			
	观察天气与贴标志(2～3分钟)	1			
	宣布当天主要活动计划(2～4分钟)	1			
	讲解教学活动并实施分组(3～5分钟)	1			
	能够科学合理地解决2～3个常见问题	2			
教学活动 (共8分)	幼儿自主选择小组	1			
	各组活动材料要足量	1			
	在活动进行中提供帮助和对幼儿进行观察	1			
	鼓励幼儿在活动中相互交流、帮助和分享	1			
	制订教学计划时教师间分配任务	1			
	对先完成活动的小组进行管理，实施分组过渡	1			
	能够科学合理地解决2～3个常见问题	2			
点心时间 (共8分)	幼儿自我服务	1			
	准备好幼儿能够使用的分餐器具	1			
	幼儿自己清理用点桌子	1			
	用点的组织可延续游戏活动的分组	1			
	尊重幼儿的意愿	1			
	用点时间播放背景音乐	1			
	能够科学合理地解决2～3个常见问题	2			
如厕洗手 及饮水 (共7分)	两个或三个成人分散站位	1			
	站队时女孩优先	1			
	必须养成按权威卫生防疫机构发布的标准步骤洗手	1			
	站队等待时实施微型课程	1			

评价项目	评 价 标 准	分值	自我评价	园所导师	高校导师
	能够科学合理地解决 2～3 个常见问题	3			
过渡环节 (共 11 分)	过渡须预警,其提前量根据实际情况而定	1			
	由教师提醒值日生执行预警任务	1			
	室内过渡避免搬动椅子	1			
	以小组为单位进行	1			
	给幼儿足够时间完成过渡	1			
	教师站位正确,照看得当	1			
	保持女孩在先,男孩在后,幼儿之间相隔距离适当	1			
	必须在所有排队等待时间实施微型课程	1			
	能够科学合理地解决 2～3 个常见问题	3			
户外活动 (共 9 分)	禁止集体做广播操	1			
	时间限定	1			
	限定幼儿的活动范围	1			
	给幼儿提供丰富可供选择的玩具	1			
	保教人员均匀分散站位	1			
	对违规幼儿实施严格但积极的纪律约束	1			
	能够科学合理地解决 2～3 个常见问题	3			
午睡 (共 10 分)	自己穿、脱衣鞋	1			
	将衣服叠好,鞋子摆整齐放在固定地方	1			
	播放背景音乐和音量控制	1			
	对有特殊需求的幼儿特别关照	1			
	在任何条件下,午睡值班人员都必须保持清醒	1			
	特别照料不睡觉的幼儿	1			
	起床时间播放觉醒音乐	1			
	能够科学合理地解决 2～3 个常见问题	3			
离园 再见 (共 7 分)	晚餐后全体幼儿到区角进行自由游戏,禁止看电视	1			
	感谢当天值日生工作,任命第二天的值日生	1			
	帮助幼儿整理仪容仪表并检查该带回家的东西	1			
	微笑、拥抱,使用幼儿的名字说再见	1			
	与家长沟通时注意对幼儿的影响	1			
	能够科学合理地解决 2 个常见问题	2			
小 计		100			

表 4-14 "幼儿园一日流程"素养考核评分表（共 100 分）

评价内容	评价标准	自评	互评	师评
素养 100 分＝4×25	学习态度：工作积极，按时完成任务，懂礼貌	好：25 较好：15 一般：10	好：25 较好：15 一般：10	好：25 较好：15 一般：10
	合作意识：团队意识、包容、主动、倾听、配合	好：25 较好：15 一般：10	好：25 较好：15 一般：10	好：25 较好：15 一般：10
	反思精神：勤于发问、善于总结	好：25 较好：15 一般：10	好：25 较好：15 一般：10	好：25 较好：15 一般：10
	创新精神：积极进取，批判思维，想象能力	好：25 较好：15 一般：10	好：25 较好：15 一般：10	好：25 较好：15 一般：10

第三节　专业基础课程教学设计实例

一、"学前教师音乐基础Ⅲ"教学设计实例

（一）课程介绍

"学前教师音乐基础Ⅲ"是一门学前教育专业本科学生必修的专业基础课，于2023 年 4 月校级立项，属于校级课程改革专业基础课教学类课程，课程立项号为"kg20231jc229"。根据新课程体系的教学计划，本课程开设于第 3 学期，共计 64 学时，3 学分。

本课程涵盖音乐理论基础知识与视唱、儿歌演唱与表演创编、器乐演奏与伴奏编配、幼儿舞蹈与律动创编四大模块。教学内容源于项目化教学课程中的教学素材，并兼顾教师资格证面试、招教面试、技能竞赛中的儿歌作品，理论指导与技能训练穿插进行，凸显实用性和针对性，旨在使学生掌握基本的音乐理论知识，提升开展幼儿园音乐活动必备的音乐基本素养，包括儿歌演唱与表演创编能力、幼儿舞蹈表演与律动创编能力和器乐演奏与伴奏编配能力。

本课程直接支撑项目化教学课程"幼儿园音乐活动教学实践"中的幼儿园歌唱活动、韵律活动、奏乐活动教师示范部分，为项目化教学实践的顺利开展提供音乐基本知识、基础技能的支撑。

（二）课程教学大纲

"学前教师音乐基础Ⅲ"课程大纲参见表 4-15。

表 4-15 "学前教师音乐基础Ⅲ"课程大纲

课程代码:kg20231jc229　　　　　　　课程名称:学前教师音乐基础Ⅲ

授课教师:张雨、董益言、邢晓璇、李明明、沈晓怡

课程性质:必修　　　学时:64　　　学分:3　　　授课对象:2022 级学前教育专业本科生

项　目	内　容
课程目标	知识目标 ① 掌握学前儿童歌曲的基本特点和演唱方法 ② 掌握学前儿童歌曲表演创编的基本知识 ③ 掌握学前儿童歌曲歌唱游戏设计的基本方法 ④ 掌握学前儿童歌曲钢琴弹奏及伴奏编配的基本方法 能力目标 ① 能够运用科学的发声方法准确且有感情地演唱学前儿童歌曲 ② 具备学前儿童歌曲表演创编的基本能力 ③ 具备学前儿童歌曲歌唱游戏设计的基本能力 ④ 具备学前儿童歌曲自弹自唱的基本能力 素质目标 ① 增强学生对学前教师职业的认同感 ② 培养学生团队合作意识、创新精神及沟通协调的能力 ③ 丰富情感体验,培养学生具有健康向上的审美情趣和积极乐观的人生态度
学习成果	考试视频、考试成绩
教学方法 (或学习方法)	☑讲授　☑小组讨论　□答疑　□实验　□实训　☑自主学习 ☑翻转课堂　☑其他(请填写)示范模仿练习、展示互评
先修课程	专业基础课程:学前教师音乐基础Ⅰ、学前教师音乐基础Ⅱ
后衔接课程	项目化教学课程:幼儿园音乐活动设计与实施
课程资源	自主设计(选择相应项即可,如有补充请填写内容): □教材　□教辅用书　□拓展书目　☑教具　□实验室　□网络平台 □图片　☑音频　☑视频　□软件　□学科专家、科学家、企业家等社会人士　□实地/现场　□图书馆、博物馆等社会场所　□期刊　☑教学过程中生成性资源(如教学活动中提出的问题、学生的作品/作业、课堂实录等) □其他(请填写) 现成资源(选择相应选项即可,如有补充请填写内容): □教材　☑教辅用书　□拓展书目　□教具　□实验室　☑图片　□音频 ☑视频　☑软件　□学科专家、科学家、企业家等社会人士　□实地/现场 □图书馆、博物馆等场所　□期刊　□教学过程中生成性资源　□其他(请填写)

课程评价方式	"学前教师音乐基础Ⅲ"这门课程采用全过程考核评价体系,包括四大环节: ①课前考核评价(占过程考核比例10%);②课中考核评价(占过程考核比例20%);③课后考核评价(占过程考核比例10%);④月考核及期末考核评价(占过程考核比例60%) **(一)课前考核评价(课下)** 学生课前完成自主学习任务单,上传至学习中心平台,由教师评价 **(二)课中考核评价(课上)** 课中考核学生的课堂表现及课后任务展示完成情况。其中,课堂表现包括出勤、回答问题、课堂讨论,由学生与教师共同评价。课后任务展示包括小组歌表演、小组歌唱游戏设计,主要考查学生对知识的综合运用能力,由学生与教师共同评价 **(三)课后考核评价(课下)** 课后主要考核学生的个人音乐技能,包括节奏念打、旋律视唱、儿歌演唱、钢琴弹奏与钢琴伴奏。要求学生根据作业要求录制视频上传学习中心平台,由教师与技能优等学生共同评价 **(四)期末考核评价(课上)** 学期结课为个人技能考核,每位学生从学期所学的所有儿歌中现场随机抽选两首:一首进行歌表演,另一首进行自弹自唱。由园所教师、校内教师组成的考核组进行评价 音乐技能考核依据国家教师资格证考试、幼儿园教师招聘考试、全国学前教育专业教育技能大赛中与音乐技能相关的评分标准,制定本门课程的评价标准

"节奏识读"评价标准

评价要素	观　测　点	得分
节奏认读	能够用柯达伊节奏读法准确认读不同的节奏型(4分)	
节奏念打	能够用身体打击乐法或蛋鞋点数法准确表示不同节奏型的时值长短关系(4分)	
念打速度	能够完整、流畅、不间断地匀速念打节奏(2分)	

"旋律视唱"评价标准

评价要素	观　测　点	得分
音高认读	能够准确认读儿歌中不同音高的唱名(4分)	
手势	能够用柯尔文手势准确表示不同的音高(2分)	
音准	音高准确,没有出现偏低、偏高(4分)	

"独唱"评价标准

评价要素	观　测　点	得分
速度	演唱中速度稳定,没有出现停顿、加速、减速(20分)	

续表

评价要素	观　测　点	得分
节奏	音符时值关系准确,没有出现抢拍、拖拍(20分)	
音高	音高准确,没有出现偏低、偏高(10分)	
咬字	咬字清晰,口型规范且微夸张(20分)	
音量	至少相隔6米能够听清楚唱词和声音(10分)	
表情	能够根据歌曲情感表达的需要合理运用眉、眼、笑肌(20分)	

"小组歌表演"评价标准

评价要素	观　测　点	得分
唱	歌曲演唱完整、流畅(10分)	
	音准、节奏准确(10分)	
	声音自然、统一、音色圆润、饱满(10分)	
	咬字、吐字清晰,字正腔圆(10分)	
演	能够准确表现作品的情绪情感,做到声情并茂(10分)	
	歌唱姿势正确,肢体动作协调、优美(10分)	
	唱与演自然融合,歌曲演唱情绪与形体语言所表达的情绪一致(10分)	
创	小组表演合作默契,作品创作完整度高(10分)	
	创编形式丰富多样,具有较好的舞台表演效果(10分)	
	作品创编构思巧妙,具有新意(10分)	

"主题歌唱游戏"设计与表演评价标准

评价要素	观　测　点	得分
场景	场景展现完整、全面,与歌词内容一致(10分)	
情节	情节展现清晰、合理,符合逻辑,情节发展紧扣儿歌主题(10分)	
角色	角色贴合儿歌主题与情节发展的需求,角色演绎生动、形象(10分)	
演唱	节奏、音高、歌词准确。对唱衔接紧凑,所有成员参与其中(10分)	
	歌词演唱清晰,音量至少让6米之外的人听清(10分)	
	音色能够体现不同的角色形象(10分)	

课程评价方式

续表

课程评价方式

评价要素	观　测　点	得分
队形	不同场景，展现出不同的队形变化。队形有低空、中空、高空交错的层次变化(10分)	
调度	角色动线时长与乐句时长保持一致，与歌词内容相吻合(10分)	
动作	紧扣儿歌内容，难易程度符合中班幼儿身心发展规律。表演者精神饱满、面带微笑(10分)	
道具	道具符合角色特征或场景设定(10分)	

“有规则歌唱游戏”设计与表演评价标准

评价要素	观　测　点	得分
歌曲	儿歌难易程度适合大班幼儿学习，歌词具体形象，旋律朗朗上口(10分)	
目标	游戏目标符合大班幼儿实际音乐发展水平与身心发展规律(10分)	
任务	任务清晰，具有吸引力(10分)	
角色	角色设定清晰，贴合儿歌主题与歌词内容(10分)	
情节	情节合理，符合逻辑，紧扣儿歌主题(10分)	
规则	规则清晰，能够保证游戏目的的实现，能够提高游戏的趣味性和刺激性(10分)	
演唱	节奏、音高、歌词准确。歌词演唱清晰，音量至少让6米之外的人听清(10分)	
队形	能够满足有规则歌唱游戏的完整开展(10分)	
律动	与儿歌中的节奏、乐句、旋律、音量、速度等音乐元素关联性强(10分)	
道具	种类全面、数量充足，符合歌唱游戏需求(10分)	

“钢琴弹奏”评价标准

评价要素	观　测　点	得分
节奏旋律	曲目连贯完整，节奏、旋律准确(40分)	
伴奏编配	编配的伴奏肢体谐和，与儿歌风格一致(40分)	
演奏技法	手指站立坚实有力(20分)	

（三）儿歌《雨点跳舞》教学设计

儿歌《雨点跳舞》教学设计具体参见表4-16。

表 4-16　儿歌《雨点跳舞》教学设计

2023—2024 学年第 1 学期第 8 周
知识建模图

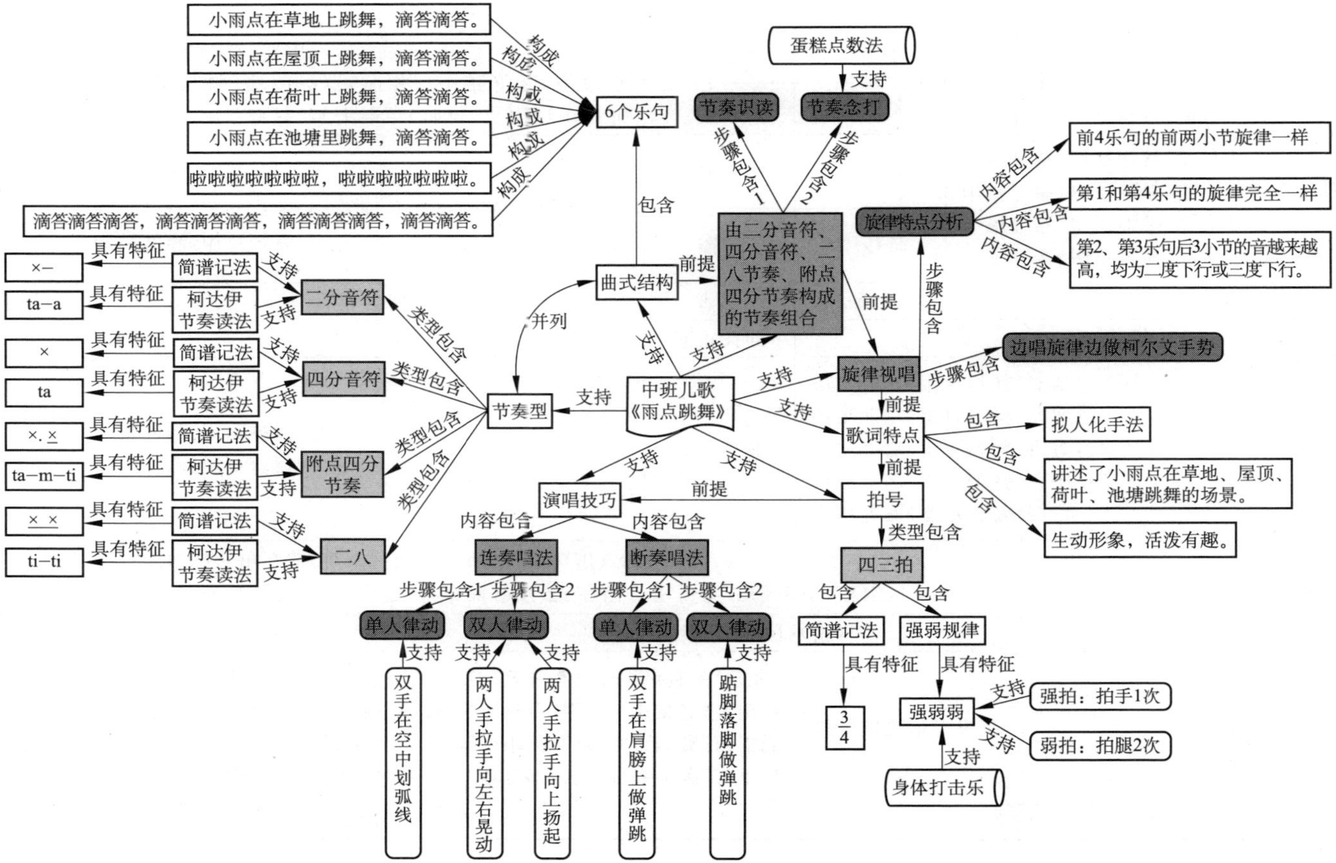

小雨点在草地上跳舞，滴答滴答。
小雨点在屋顶上跳舞，滴答滴答。
小雨点在荷叶上跳舞，滴答滴答。
小雨点在池塘里跳舞，滴答滴答。
啦啦啦啦啦啦啦，啦啦啦啦啦啦啦。
滴答滴答滴答，滴答滴答滴答，滴答滴答滴答，滴答滴答。
构成
6个乐句
包含
曲式结构
前提
由二分音符、四分音符、二八节奏、附点四分节奏构成的节奏组合
步骤包含1
节奏识读
步骤包含2
节奏念打
支持
蛋糕点数法
中班儿歌《雨点跳舞》
支持
并列
节奏型
类型包含
二分音符
四分音符
附点四分节奏
二八
简谱记法
柯达伊节奏读法
具有特征
×–
ta–a
×
ta
×. ×
ta–m–ti
× ×
ti–ti
旋律视唱
步骤包含
旋律特点分析
内容包含
前4乐句的前两小节旋律一样
第1和第4乐句的旋律完全一样
第2、第3乐句后3小节的音越来越高，均为二度下行或三度下行。
边唱旋律边做柯尔文手势
歌词特点
拟人化手法
讲述了小雨点在草地、屋顶、荷叶、池塘跳舞的场景。
生动形象，活泼有趣。
拍号
类型包含
四三拍
简谱记法
3/4
强弱规律
强弱弱
强拍：拍手1次
弱拍：拍腿2次
身体打击乐
演唱技巧
内容包含
连奏唱法
断奏唱法
步骤包含1
步骤包含2
单人律动
双人律动
双手在空中划弧线
两人手拉手向左右晃动
两人手拉手向上扬起
双手在肩膀上做弹跳
踮脚落脚做弹跳

续表

学习目标	知识点（学习水平） 中班儿歌《雨点跳舞》乐句划分（理解）；由二分音符、四分音符、二八节奏构成的节奏组合（运用）；中班儿歌《雨点跳舞》旋律特点（理解，运用）、中班儿歌《雨点跳舞》歌词特点（理解，运用）；中班儿歌《雨点跳舞》的拍号特点（运用）；断奏唱法（理解，运用）；连奏唱法（运用）	素质目标（课程思政点） 具备团队协作精神
学习先决知识	知识点（学习水平） 二分音符、四分音符、二八节奏、附点四分节奏（运用）；乐句组合念读方法（运用）；节奏组合念读方法（运用）；旋律的分析方法（运用）；歌词的分析方法（运用）；四三拍的特点（运用）；四四拍的特点（运用）	
课上资源	中班儿歌《雨点跳舞》课件 中班儿歌《雨点跳舞》简谱	课下资源 中班儿歌《雨点跳舞》简谱 中班儿歌《雨点跳舞》范唱音频 中班儿歌《雨点跳舞》钢琴伴奏音频 中班儿歌《雨点跳舞》课前自主学习任务单 中班儿歌《雨点跳舞》课后作业任务单
课上时间	100分钟	课下时间　180分钟

活动序列	活动目标	地点	时间	学习资源
活动1	中班儿歌《雨点跳舞》乐句划分（理解）；由二分音符、四分音符、二八节奏、附点四分节奏构成的节奏组合（运用）	课上	37分钟	中班儿歌《雨点跳舞》简谱 中班儿歌《雨点跳舞》范唱音频
		课下	20分钟	中班儿歌《雨点跳舞》钢琴伴奏音频 中班儿歌《雨点跳舞》课前自主学习任务单 中班儿歌《雨点跳舞》课件
活动2	中班儿歌《雨点跳舞》旋律特点（理解，运用）、中班儿歌《雨点跳舞》歌词特点（理解，运用）；中班儿歌《雨点跳舞》的拍号特点（运用）	课上	35分钟	中班儿歌《雨点跳舞》课件
		课下	0分钟	中班儿歌《雨点跳舞》简谱
活动3	断奏唱法（理解，运用）；连奏唱法（理解，运用）	课上	28分钟	中班儿歌《雨点跳舞》简谱 中班儿歌《雨点跳舞》范唱音频
		课下	160分钟	中班儿歌《雨点跳舞》钢琴伴奏音频 中班儿歌《雨点跳舞》课后作业任务单

续表

活动 1 知识建模图（课上、课下）

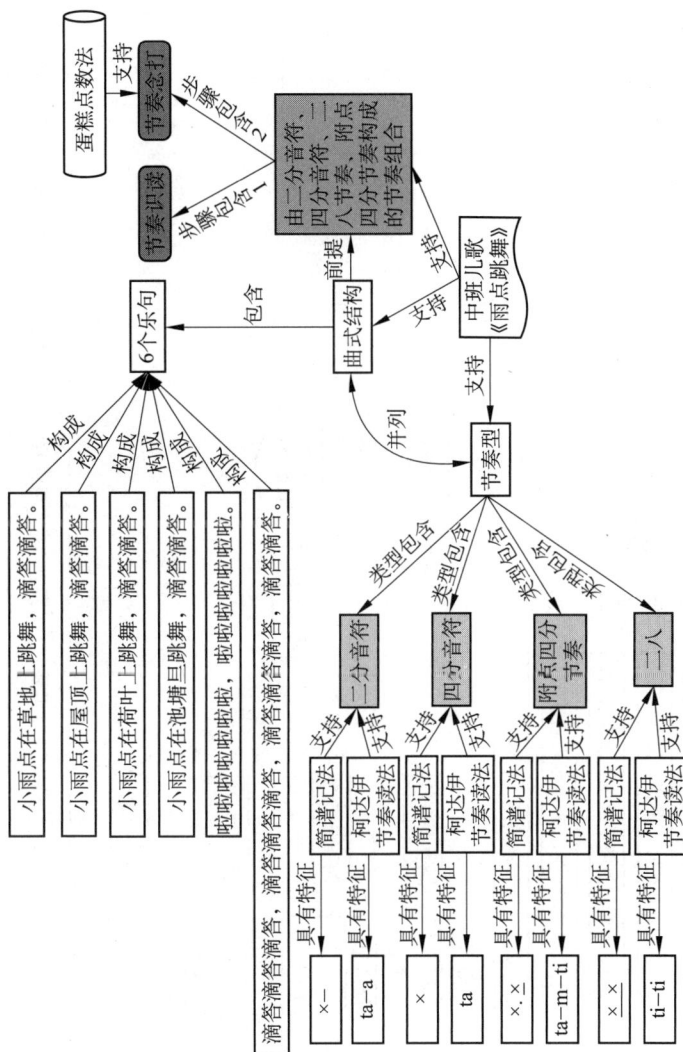

活动目标	中班儿歌《雨点跳舞》乐句划分（理解）；由二分音符，四分音符，二八节奏，附点四分节奏组合成的节奏组合（运用）
活动任务序列（导入任务描述）	学生两人为一组。互相分享上节课的学习内容（3 分钟）
师生交互过程	教师组织学生回顾上节课的学习内容。教师："请同学们全体起立，在其他小组找到和你裤子款式一样的同学，组成两人小组，共同回顾上节课学习了哪些知识。2 分钟后，邀请 3 名裤子款式一样的同学在班级进行分享。"学生离开自己所在小组，到其他小组找到一个裤子款式一样的同学，回顾旧知并讨论，在听到"时间到""时间到"的提醒后，回顾旧知并讨论，在听到"时间到"的提醒后，回顾结束后，回到自己的座位

续表

	任务描述	因学生已学习过节奏型和乐句划分的知识，采用小组讨论、自主学习的教学策略，达成在课前完成中班儿歌《雨点跳舞》节奏型分析、乐句分析的学习结果
	任务时长	20 分钟
	学习地点	课下

活动任务序列（任务一）（课下）

任务一知识组块

中班儿歌《雨点跳舞》——支持——节奏型

曲式结构——支持——中班儿歌《雨点跳舞》

曲式结构——包含——6个乐句

节奏型——并列——曲式结构

6个乐句构成：
- 小雨点在草地上跳舞，滴答滴答。
- 小雨点在屋顶上跳舞，滴答滴答。
- 小雨点在荷叶上跳舞，滴答滴答。
- 小雨点在池塘里跳舞，啦啦啦啦啦。
- 啦啦啦啦啦，滴答滴答滴答，滴答滴答。
- 滴答滴答滴答，滴答滴答。

节奏型类型包含：二分音符、四分音符、附点四分节奏、二八

节奏型	支持	具有特征
二分音符	简谱记法 / 柯达伊节奏读法	x—（ta-a）
四分音符	简谱记法 / 柯达伊节奏读法	x（ta）
附点四分节奏	简谱记法 / 柯达伊节奏读法	x. x（ta-m-ti）
二八	简谱记法 / 柯达伊节奏读法	x x（ti-ti）

教学策略	□讲授　☑小组讨论　□答疑　□实验　□实训　☑自主学习　□翻转课堂　□其他（请填写）
师生交互过程	教师课前在学习中心上传"中班儿歌《雨点跳舞》课前自主学习任务单"，并给各组发布任务。学生接收学习任务单，并根据要求完成任务。

续表

学习资源	中班儿歌《雨点跳舞》简谱 中班儿歌《雨点跳舞》范唱音频 中班儿歌《雨点跳舞》课前自主学习任务单
备注	① 该任务能够培养学生的自学能力，帮助教师掌握学生预习情况，有针对性地设计课堂教学重点，有效提高课堂学习的效率 ② 通过课前任务单的提交，发现个别学生对于节奏型节奏型的分辨掌握不扎实、概念混淆，需要教师在课堂中着重强调

活动任务序列（任务二）（课上）

任务描述	因学生已在课前完成预习作业，采用翻转课堂和讲授的教学策略，达成准确分析中班儿歌《雨点跳舞》节奏型及乐句的学习目的
任务时长	12 分钟
学习地点	课上

任务二知识组块

中班儿歌《雨点跳舞》

支持 → 曲式结构

曲式结构 —包含→ 6 个乐句

6 个乐句 构成：
- 小雨点在草地上跳舞，滴答滴答。
- 小雨点在屋顶上跳舞，滴答滴答。
- 小雨点在荷叶上跳舞，滴答滴答。
- 小雨点在池塘里跳舞，啦啦啦啦啦啦，滴答滴答滴答。
- 啦啦啦啦啦，滴答滴答滴答。
- 滴答滴答滴答，滴答滴答滴答。

中班儿歌《雨点跳舞》 支持 → 节奏型（与曲式结构并列）

节奏型 类型包含：
- 二分音符
- 四分音符
- 附点四分节奏
- 二八

二分音符 具有特征 → ×一 / ta—a
四分音符 具有特征 → × / ta
附点四分节奏 具有特征 → ×.× / ta—m—ti
二八 具有特征 → ×× / ti—ti

支持：简谱记法、柯达伊节奏读法

续表

教学策略 （或学习策略）	☑讲授　□小组讨论　□答疑　□实验　□实训　□自主学习　☑翻转课堂　□其他（请填写）___
师生交互过程	教师范唱新授儿歌《雨点跳舞》，并请学生边聆听边回顾课前布置的两个任务 任务1：儿歌《雨点跳舞》中一共出现了几种不同的节奏型？如何划分？ 任务2：儿歌《雨点跳舞》可以分为几个乐句？分别是什么？ 教师范唱结束后，小组选派代表根据课前自主学习任务单，围绕任务1阐述分析结果（轮组阐述时，意见相同则跳过） 教师带领学生共同分析儿歌中出现的节奏型，共四种，分别是四分音符，两个八分音符，二分音符，附点四分节奏 学生小组根据分析结果进行检查，如出现错误，共同探讨，解决问题 小组选派代表围绕任务2阐述讨论结果，各组分别阐述儿歌中的乐句，教师带领学生共同分析儿歌中的乐句，儿歌由6个乐句构成： 第一乐句："小雨点在草地上跳舞，滴答滴答。" 第二乐句："小雨点在屋顶上跳舞，滴答滴答。" 第三乐句："小雨点在荷叶上跳舞，滴答滴答。" 第四乐句："小雨点在池塘里跳舞，滴答滴答。" 第五乐句："啦啦啦啦啦，啦啦啦啦啦啦。" 第六乐句："滴答滴答，滴答滴答滴答，滴答滴答滴答。" 学生小组进行检查，分析错误原因，共同探究解惑
学习资源	中班儿歌《雨点跳舞》简谱 中班儿歌《雨点跳舞》课件
学习成果及 评价标准	①分析儿歌《雨点跳舞》的节奏型 　学生答出共四种，分别是四分音符，两个八分音符，二分音符，附点四分节奏，便算分析正确 ②分析中班儿歌《雨点跳舞》的乐句 　学生答出6个乐句，并在简谱中划分准确，便算分析正确
备注	①该任务能够激发学生主动思考，提高他们分析和解决问题的能力 ②通过同题分析环节，了解到出现错误的小组是分工完成作业，不是所有组员在一起共同探讨出来的，小组内通过课堂分享产生分歧意见，有助于学生小组反思调整组内分工和整组挂钩，激发学生的团队合作意识。同时，教师应在课堂重点强调作业的分值和整组挂钩，激发学生的团队合作意识

续表

活动任务序列（任务三）（课上）

任务三知识组块		
任务描述		因学生已明晰中班儿歌《雨点跳舞》的节奏型和乐句，采用分组练习、展示互评的教学策略，达成运用蛋糕点数法打由二分音符、四分音符、二八节奏、附点四分节奏构成的节奏组合的学习目的
任务时长		22 分钟
学习地点		课上
教学策略（或学习策略）	□讲授　□小组讨论　□答疑　□实验　□实训　□自主学习　□翻转课堂　☑其他（请填写）分组练习、展示互评	
师生交互过程	教师带领学生分析儿歌《雨点跳舞》中的节奏组合规律，共同总结出构成此儿歌的三种节奏组合，分别是： ①×× ×．×｜× ××—｜× ××—｜× ×—‖ ②×× ×．×｜×× ××—｜× ．×｜×× ××—‖ ③×× ××××｜×× ×××× ×××｜×× ×××××｜×× ××—‖ 教师布置课堂任务，请学生分小组练习三种节奏组合。练习结束后，每组抽签决定展示哪一种节奏组合。在展示结束后，观察组依据评价标准进行打分。如展示组念打完全准确，则进行下一组展示；如展示组念打需说出不准确的地方出现在第几小节，分析产生的原因，并探讨解决策略。以此类推，直至 10 个小组均展示结束	

续表

师生交互过程	学生小组总结在节奏打念中出现的问题，在"CWS三列表"中写下挑战、原因、策略，并邀请3名同学在班级分享。最后，教师带领学生再次练习三种节奏组合		
	CWS三列表		
	挑战（challenge）	原因（why）	策略（strategy）

学习资源	中班儿歌《雨点跳舞》简谱 中班儿歌《雨点跳舞》课件

学习成果及评价标准	"节奏识读"评价标准		
	评价要素	观　测　点	得分
	节奏认读	能够用柯达伊节奏读法准确认读不同的节奏型（4分）	
	节奏念打	能够用身体打击乐法或蛋壶鞋点数法准确表示不同节奏型的时值长短关系（4分）	
	念打速度	能够完整、流畅、不间断地匀速念打节奏（2分）	

备注	① 该任务能够培养学生的节奏组合分析能力、团队协作与评价能力。学生能够知道问题是什么、了解问题产生的原因，明确解决问题的策略 ② 第三条节奏组合出错较少，第一条、第二条在附点四分节奏处出错较多，教师对出错小组多用提问法，找到问题产生的原因，并请学生讨论、提供解决办法，如节拍器打拍子、手数点、在谱子上标记号等，帮助学生打准节奏

续表

活动 2 知识建模图（课上）

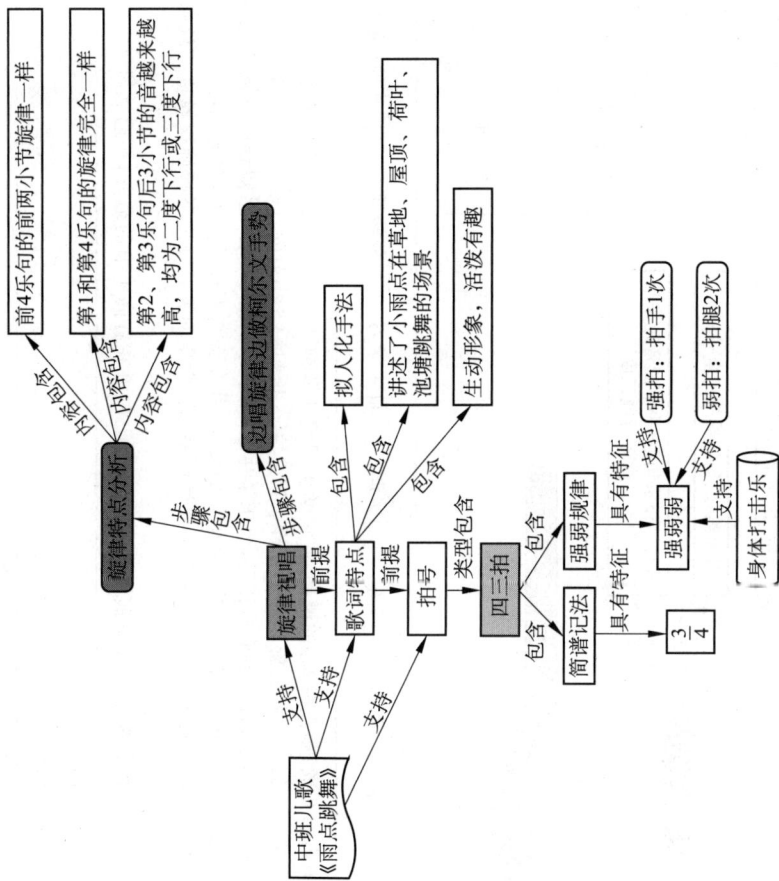

| 前4乐句的前两小节旋律一样 |
| 第1和第4乐句的旋律完全一样 |
| 第2、第3乐句后3小节的音普越来趣高，均为二度下行或三度下行 |
| 拟人化手法 |
| 讲述了小雨点在草地、屋顶、荷叶、池塘跳舞的场景 |
| 生动形象，活泼有趣 |
| 强拍：拍手1次 |
| 弱拍：拍腿2次 |

旋律特点分析　边唱旋律边做相应手势　旋律视唱　歌词特点　拍号　四三拍　强弱规律　强弱弱　简谱记法　$\frac{3}{4}$　身体打击乐　中班儿歌《雨点跳舞》

内容包含　步骤包含　包含　支持　前提　类型包含　具有特征

| 活动目标 | 中班儿歌《雨点跳舞》旋律特点（理解、运用）、中班儿歌《雨点跳舞》歌词特点（理解、运用）；中班儿歌《雨点跳舞》的拍号特点（运用） |

续表

活动任务序列（任务一）（课上）

任务一—知识组块		任务描述	因学生已能够准确读谱、念节奏来组合，采用讲授、模仿分析中班练习中的教学策略与点跳舞，达到准确分析旋律特点的学习目的，并借助柯尔文手势准确演唱旋律
中班儿歌《雨点跳舞》——支持——旋律视唱 旋律视唱——步骤包含——边唱旋律边做柯尔文手势 旋律特点分析——内容包含——前4乐句的前两小节旋律一样 内容包含——第1和第4乐句的旋律完全一样 内容包含——第2、第3乐句后3小节的音越来越高，均为二度下行		任务时长	13 分钟
		学习地点	课上

教学策略 （或学习策略）	☑讲授　□小组讨论　□答疑　□实验　□实训　□自主学习　□翻转课堂　☑其他（请填写）模仿练习
师生交互过程	教师在 PPT 中出示儿歌《雨点跳舞》的谱例，并请学生观察儿歌前 4 个乐句的旋律有哪些特点。学生回答，第 2、第 3 乐句后 3 小节的音越来越高，均为二度下行或三度下行。教师带领学生演唱前 4 乐句后 3 小节的旋律，完整演唱 4 个乐句的音高，感知音的高低变化，稳定音准。然后，单独练习前 4 个乐句前两小节旋律，准确后，再完整演唱第 5、第 6 乐句旋律。教师请学生观察第 5、第 6 乐句的旋律采用了哪种写作手法？学生回答："二度下行旋律模进。"教师带领学生演唱第 5、第 6 乐句旋律，并在音高不准的地方、多遍练习分乐句演唱结束后，教师带领学生完整演唱整首儿歌的旋律
学习资源	中班儿歌《雨点跳舞》课件 中班儿歌《雨点跳舞》简谱
学习成果及评价标准	教师通过听觉判断，学生能够准确演唱儿歌《雨点跳舞》的旋律，即视为完成本环节教学任务

续表

| 备注 | ① 该任务能够培养学生旋律分析的能力，为代词唱准歌曲做铺垫
② 学生演唱时高音区位置会偏低，教师要引导学生加强小腹肉收的力量，通过甩音技巧找到假声的感觉，从而调整到准确的音高 |

活动任务序列（任务二）（课上）

任务二知识组块	中班儿歌《雨点跳舞》 —支持→ 歌词特点 歌词特点 —包含→ 拟人化手法 歌词特点 —包含→ 讲述了小雨点在草地、屋顶、荷叶、池塘跳舞的场景 歌词特点 —包含→ 生动形象、活泼有趣
任务描述	因学生已能够唱准儿歌旋律，采用讲授、模仿练习的教学策略与方法，达到准确的学习特点首儿歌的学习结果，并代入歌词准确演唱整首儿歌的学习目的分析中班儿歌《雨点跳舞》歌词准确演唱整首儿歌的学习
任务时长	12 分钟
学习地点	☑课堂　☐翻转课堂　☐其他（请填写）模仿练习
教学策略（或学习策略）	☑讲授　☐小组讨论　☐答疑　☐实验　☐实训　☐自主学习　☐其他（请填写）模仿练习
师生交互过程	教师提问："中班儿歌《雨点跳舞》的歌词有什么特点？" 学生回答："歌词内容用拟人化的手法讲述了小雨点在草地、屋顶、荷叶、池塘跳舞的场景，生动形象、活泼有趣。" 教师带领学生分句演唱儿歌前四乐句，熟悉后连贯演唱四句 教师将学生分为 A、B 两组，A 组演唱前两小节，B 组演唱后两小节。之后，A、B 两组交换演唱内容，再演唱一遍。最后，两组共同演唱儿歌前四乐句 教师带领学生分句演唱儿歌第五、第六乐句，熟悉后连贯演唱两句后，学生跟随教师钢琴伴奏，完整演唱整首儿歌
学习资源	中班儿歌《雨点跳舞》课件 中班儿歌《雨点跳舞》简谱
学习成果及评价标准	教师通过听觉判断，学生能够节奏、音高，歌词准确地演唱中班儿歌《雨点跳舞》，即为完成本节教学任务
备注	① 该任务能够培养学生歌词分析的能力，为学生在工作岗位准确选择适宜幼儿演唱歌曲做知识储备 ② 前 4 个乐句后两小节首音高相似，学生容易唱不准音，是演唱难点。教师可以运用手势帮助学生看到音的高度，分句慢速带领学生唱准强化音准

续表

活动任务序列（任务三）（课上）

任务三知识组块

中班儿歌《雨点跳舞》 —支持→ 拍号 —类型包含→ 四三拍

四三拍 —包含→ 强弱规律（具体特征）

四三拍 —包含→ 简谱记法（具体特征）$\dfrac{3}{4}$

强弱规律 —具体特征→ 强弱弱 —支持→ 身体打击乐

强弱弱 —支持→ 强拍：拍手1次

强弱弱 —支持→ 弱拍：拍腿2次

任务描述	因学生已能准确演唱歌词，采用讲授、模仿练习的教学策略与方法，通过身体动作表现儿歌《雨点跳舞》四三拍达到用声音表现儿歌的学习目的强弱规律规律的学习目的
任务时长	10分钟
学习地点	课上
教学策略（或学习策略）	☑讲授　□小组讨论　□答疑　□实验　□实训　□自主学习　□翻转课堂　☑其他（请填写）模仿练习
师生交互过程	教师提问："中班儿歌《雨点跳舞》的节拍是什么？有什么特点？" 学生回答："四三拍，强弱规律是强弱弱，圆舞曲风格，演唱时有摇曳感。" 教师带领学生在强拍时拍手、弱拍时拍腿，感知强弱弱规律，并在唱词时用声音表现出强弱弱的节拍规律
学习资源	中班儿歌《雨点跳舞》课件 中班儿歌《雨点跳舞》简谱

续表

学习成果评价标准	教师通过视觉判断，学生能够准确在强拍时做出拍手，在弱拍时做出拍腿的动作；通过听觉判断，能够唱出歌词中的强弱区别，即能够唱出歌词中的强弱变化表现分明
备注	① 该任务能够使学生通过身体强弱感知到迁移到声音强弱感知，让抽象的音乐可视化 ② 学生在本课堂中一开始用声音表现歌词强弱表现歌词强弱不明显，教师要通过较为夸张的示范引导学生将强弱变化表现分明 视为完成本环节教学任务。

活动 3 知识建模图（课上、课下）

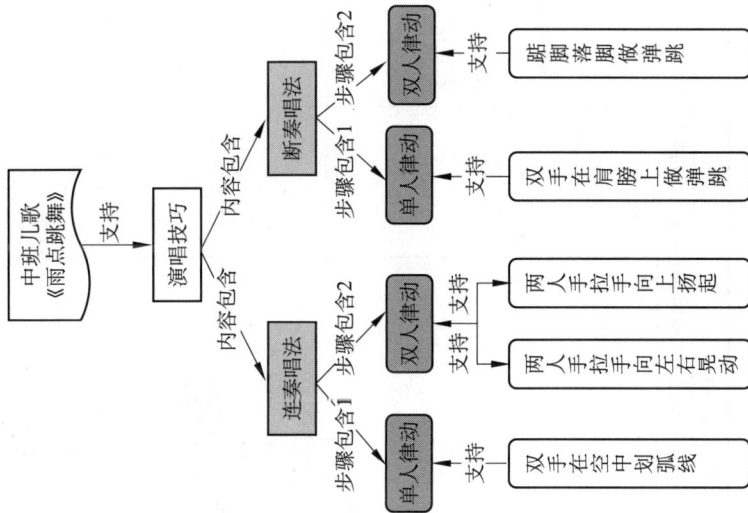

中班儿歌《雨点跳舞》

支持 → 演唱技巧

内容包含 → 连奏唱法

内容包含 → 断奏唱法

连奏唱法：
- 步骤包含 1 → 单人律动 — 支持 → 双手在空中划弧线
- 步骤包含 2 → 双人律动 — 支持 → 两人手拉手向左右晃动；两人手拉手向上扬起

断奏唱法：
- 步骤包含 1 → 单人律动 — 支持 → 双手在肩膀上做弹跳
- 步骤包含 2 → 双人律动 — 支持 → 踮脚落脚做弹跳

续表

活动目标	断奏唱法（理解、运用）；连奏唱法（理解、运用）

活动任务序列（任务一）（课上）

任务一知识组块		
任务描述		因学生已能运用强弱处理的技巧初步表达歌曲的情感意境，采用讲授、示范，模仿练习的教学策略与方法，达到运用断奏唱法与连奏唱法丰富儿歌《雨点跳舞》情感表达的学习目的
任务时长		28分钟
学习地点		课上

任务一知识组块

中班儿歌《雨点跳舞》 —支持→ 演唱技巧

内容包含：

连奏唱法
- 步骤包含1 → 单人律动 —支持→ 双手在空中划弧线
- 步骤包含2 → 双人律动 —支持→ 两人手拉手向左右晃动 / 两人手拉手向上扬起

断奏唱法
- 步骤包含1 → 单人律动 —支持→ 双手在肩膀上做弹跳
- 步骤包含2 → 双人律动 —支持→ 踏脚落脚做弹跳

教学策略（或学习策略）	☑讲授　□小组讨论　□答疑　□实验　□实训　□自主学习　□翻转课堂　☑其他（请填写）示范模仿练习

续表

师生交互过程	教师示范两种不同的唱法，请学生聆听，分别用了哪种演唱方法 第一遍，教师用连奏唱法演唱儿歌；第二遍，教师用断奏唱法演唱儿歌 学生回答后，教师提问学生："连奏唱法的要点是什么？" 学生回答："在一句中保持气息的连贯和小腹匀速持续的内收发力。" 教师提问学生："断奏唱法的要点是什么？" 学生回答："在一句中声断气不断，保持小腹顿挫的一字一弹跳。" 教师带领学生分别练习连奏唱法和断奏唱法，能基本熟练运用后，用连奏唱法演唱；B组学生边唱边用双手在空中划弧线，连奏唱法与断奏唱法 完整唱完一遍儿歌后，A、B组交换演唱内答，按照以上要求再完整演唱一遍儿歌。 教师将学生分为A、B两组，进行对唱。A组唱歌词，B组唱"滴答"，要求A组学生边唱边用双手在肩膀上做胯弹跳，并用断奏唱法演唱；B组学生边唱边用双手在肩膀上做胯弹跳，并用断奏唱法演唱 教师组织学生两人一组，面对面双手拉手，通过双人律动深入感知四三拍强弱规律。律动如下 ①"小雨点在草地上/屋顶上/荷叶上/池塘里"，两人手拉手，一人转圈 ②"跳舞"，两人单手拉手，一人原地不动，一人转圈 ③"滴答"，跪脚落下 2 次 ④"啪啦啦啦啦"，跪脚落下半脚掌 ⑤"滴答滴答"，双手分别在自己的头顶拍掌，同时两人手拉手，跟随附点四分音符向上扬手 最后，教师组织学生在小组内两人为一组，肩膀弹跳 3 次，并邀请三名同学在班级进行分享。教师强调并补充说明《3～6 岁 儿童学习与发展指南》中4～5 岁幼儿能够感知声音的高低、长短、强弱等变化，并愿意参加唱歌、律动等活动。作为幼儿教师， 要善用身体打击乐、律动等方法，让音乐可视化，易于幼儿理解和表现 教师布置作业
学习资源	中班儿歌《雨点点跳舞》课件 中班儿歌《雨点点跳舞》简谱
学习成果 评价标准	教师通过视觉判断，学生做律动时能准确表现四三拍拍重音，表现断奏和连奏；通过听觉判断，能够唱出歌词中的强弱区别，以及断奏和连奏，即兴为完成本环节教学任务
备注	①该任务能够使学生通过肢体动作充分感知歌曲的断奏、连奏处理，并在双人互动中增强参与感，体验唱歌游戏带来的积极氛围 ②在歌唱游戏中，学生过于投入在人在互动中歌声的好乐中，容易忽视音乐聆听，准确卡拍，声音表现等方面，教师可采用对比示范法，帮助学生有意识关注游戏背后的目的

续表

活动任务序列(任务二)(课下)

任务描述	因学生已能够运用连奏、断奏技巧深入表达歌曲的情感意境,采用小组讨论,自主学习的学习目的的策略与方法,达到完成课后作业的学习目的
任务时长	160 分钟
学习地点	课下

任务二知识组块

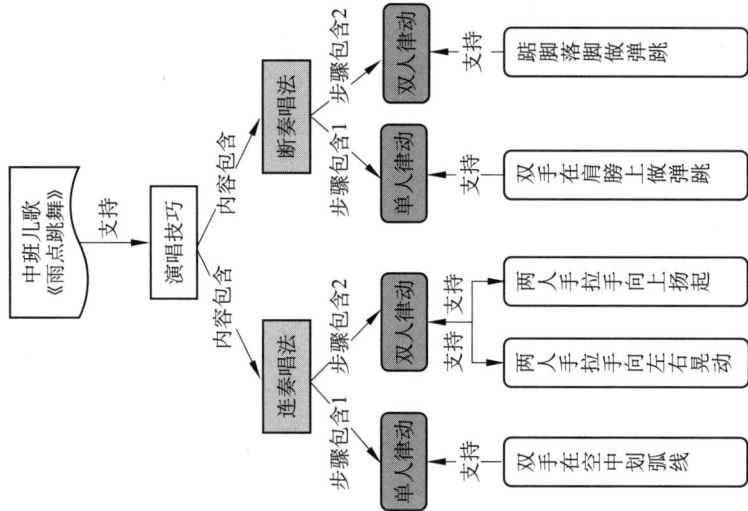

中班儿歌《雨点跳舞》 —支持→ 演唱技巧

演唱技巧 内容包含：连奏唱法、断奏唱法

连奏唱法 步骤包含1 单人律动 支持 双手在空中划弧线

连奏唱法 步骤包含2 双人律动 支持 两人手拉手向左右晃动、两人手拉手向上扬起

断奏唱法 步骤包含1 单人律动 支持 双手在肩膀上做弹跳

断奏唱法 步骤包含2 双人律动 支持 踏脚落胸脚做弹跳

续表

教学策略 （或学习策略）	□讲授 ☑小组讨论 □答疑 □实验 □实训 ☑自主学习 □翻转课堂 □其他（请填写）____
师生交互过程	教师课后在学习中心上传"中班儿歌《雨点跳舞》课后作业任务单"，并给各组发布任务。学生接收作业任务单，并根据要求完成任务。作业如下： ① 录制《雨点跳舞》演唱视频（个人完成） ② 为《雨点跳舞》设计歌表演，并录制视频（小组完成）
学习资源	中班儿歌《雨点跳舞》简谱 中班儿歌《雨点跳舞》范唱音频 中班儿歌《雨点跳舞》钢琴伴奏音频 中班儿歌《雨点跳舞》课后作业任务单

学习成果评价标准

"独唱"评价标准

评价要素	观 测 点	得分
速度	演唱中速度稳定，没有出现停顿、加速、减速（20 分）	
节奏	音符时值关系准确，没有出现抢拍、拖拍（20 分）	
音高	音高准确，没有出现偏低、偏高（10 分）	
咬字	咬字清晰，口型规范且微含夸张（20 分）	
音量	至少相隔 6 米能够听清楚唱词和声音（10 分）	
表情	能够根据歌曲情感表达的需要合理运用眉、眼、笑肌（20 分）	

续表

"小组歌表演"评价标准

评价要素		观 测 点	得分
学习成果评价标准	唱	歌曲演唱完整、流畅（10分）	
		音准、节奏准确（10分）	
		声音自然、统一，音色圆润、饱满（10分）	
		咬字、吐字清晰、字正腔圆（10分）	
	演	能够准确表现作品的情绪情感，做到声情并茂（10分）	
		歌唱姿势正确，肢体动作协调、优美（10分）	
		唱与演自然融合，歌曲演唱情绪与形体语言所表达的情绪一致（10分）	
	创	小组表演合作默契，作品创作完整度高（10分）	
		创编形式丰富多样，具有较好的舞台表演效果（10分）	
		作品创编构思巧妙，具有新意（10分）	
备注		① 该任务能够有效检验每个学生的歌曲演唱情况以及学生小组歌表演创编情况，培养自主学习、合作学习的能力和创造力 ② 多数学生可以独立唱歌曲，部分学生因为个人条件音高不准、音准音色因为个人条件音高不准，需要通过视唱帮助学生小步前进。学生歌表演的表情不够饱满、肢体动作的美感和协调感不足，需要通过对镜子练习和教师指导不断强化提升	

（四）儿歌《雨点跳舞》实施过程

本节课课上总时长为 120 分钟,课下总时长为 160 分钟,共包含三个活动。

活动一(任务一)是课下任务,任务时长为 20 分钟。教师课前在学习中心上传"儿歌《雨点跳舞》课前自主学习任务单",并给各组发布任务。学生接收学习任务单,采用小组讨论、自主学习的教学策略与方法,完成儿歌《雨点跳舞》节奏型分析、乐句分析的课前学习任务,并上传到学习中心。

活动一(任务二)是课上任务,任务时长为 15 分钟。教师首先组织学生两人一组,互相分享上节课的学习内容,之后进入新课内容。该任务采用翻转课堂和讲授的教学策略与方法,学生小组选派代表根据课前完成的自主学习任务单,围绕教师提出的问题,阐述分析结果。若分析结果出现错误,教师带领学生共同研讨错误的原因,探究解决问题的策略,以确保学生达成准确分析儿歌《雨点跳舞》节奏型及乐句的学习目的。

活动一(任务三)是课上任务,任务时长为 22 分钟。该任务采用分组练习、展示互评的教学策略与方法,达成运用蛋糕点数法准确念打由二分音符、四分音符、二八节奏、附点四分节奏构成的节奏组合的学习目的。

活动二(任务一)是课上任务,任务时长为 13 分钟。采用讲授、模仿练习的教学策略与方法,达到准确分析儿歌《雨点跳舞》旋律特点的学习目的,并借助柯尔文手势,准确演唱旋律。

活动二(任务二)是课上任务,任务时长为 12 分钟。该任务采用讲授、模仿练习的教学策略与方法,达到准确分析儿歌《雨点跳舞》歌词特点的学习目的,并代入歌词准确演唱整首儿歌。

活动二(任务三)是课上任务,任务时长为 10 分钟。该任务米用讲授、模仿练习的教学策略与方法,通过身体动作,达到用声音表现儿歌《雨点跳舞》四三拍强弱规律的学习目的。

活动三(任务一)是课上任务,任务时长为 28 分钟。该任务采用讲授、示范、模仿练习的教学策略与方法,达到运用断奏唱法与连奏唱法丰富儿歌《雨点跳舞》情感表达的学习目的。

活动三(任务二)是课下任务,任务时长为 160 分钟。教师课后在学习中心上传"儿歌《雨点跳舞》课后作业任务单",并给各组发布任务。学生接收作业任务单,采用小组讨论、自主学习的教学策略与方法,完成作业①录制《雨点跳舞》演唱视频(个人完成);作业②《雨点跳舞》歌表演设计与视频录制(小组完成)。

（五）儿歌《雨点跳舞》教学评价

在活动一(任务二)中,学生答出第一个问题儿歌《雨点跳舞》的节奏型共四种,分别是四分音符、两个八分音符、二分音符、附点四分节奏,便算分析正确。学生答出第二个问题儿歌《雨点跳舞》共划分为 6 个乐句,分别是"小雨点在草地上跳舞,滴答滴答。""小雨点在屋顶上跳舞,滴答滴答。""小雨点在荷叶上跳舞,滴答滴答。""小雨点在池塘里跳舞,滴答滴答。""啦啦啦啦啦啦啦,啦啦啦啦啦啦啦。""滴答滴答滴答,滴答滴答滴答,滴答滴答滴答,滴答滴答。"便算分析正确。

在活动一(任务三)中,学生小组运用"节奏识读"评价标准(参见表 4-17)对展示组进行打分,并总结在节奏念打中出现的问题,在"CWS 三列表"中写下挑战、原因、策略。

表 4-17　"节奏识读"评价标准

评价要素	观 测 点	得分
节奏认读	能够用柯达伊节奏读法准确认读不同的节奏型(4分)	
节奏念打	能够用身体打击乐法或蛋糕点数法准确表示不同节奏型的时值长短关系(4分)	
念打速度	能够完整、流畅、不间断的匀速念打节奏(2分)	

在活动二(任务一)中,教师通过听觉判断,学生能够准确演唱儿歌《雨点跳舞》的旋律,即视为完成本环节教学任务。

在活动二(任务二)中,教师通过听觉判断,学生能够准确地演唱儿歌《雨点跳舞》的节奏、音高、歌词,即视为完成本环节教学任务。

在活动二(任务三)中,教师通过视觉判断,学生能够准确在强拍时做出拍手,在弱拍时做出拍腿的动作;通过听觉判断,能够唱出歌词中的强弱区别,即视为完成本环节教学任务。

在活动三(任务一)中,教师通过视觉判断,学生做律动时能准确表现四三拍的节拍重音、表现断奏和连奏;通过听觉判断,能够唱出歌词中的强弱区别,以及断奏和连奏,即视为完成本环节教学任务。

在活动三(任务二)中,教师通过"独唱"评价标准(参见表 4-18)、"小组歌表演"评价标准(参见表 4-19)对学生完成的作业进行评价。

表 4-18　"独唱"评价标准

评价要素	观 测 点	得分
速度	演唱中速度稳定,没有出现停顿、加速、减速(20分)	
节奏	音符时值关系准确,没有出现抢拍、拖拍(20分)	
音高	音高准确,没有出现偏低、偏高(10分)	
咬字	咬字清晰,口型规范且微夸张(20分)	
音量	至少相隔 6 米能够听清楚唱词和声音(10分)	
表情	能够根据歌曲情感表达的需要合理运用眉、眼、笑肌(20分)	

表 4-19　"小组歌表演"评价标准

评价要素	观 测 点	得分
唱	歌曲演唱完整、流畅(10分)	
	音准、节奏准确(10分)	
	声音自然、统一,音色圆润、饱满(10分)	
	咬字、吐字清晰,字正腔圆(10分)	
演	能够准确表现作品的情绪情感,做到声情并茂(10分)	
	歌唱姿势正确,肢体动作协调、优美(10分)	
	唱与演自然融合,歌曲演唱情绪与形体语言所表达的情绪一致(10分)	
创	小组表演合作默契,作品创作完整度高(10分)	
	创编形式丰富多样,具有较好的舞台表演效果(10分)	
	作品创编构思巧妙,具有新意(10分)	

二、"学前儿童发展心理学"教学设计实例

(一)课程介绍

学前儿童发展心理学课程是学前教育专业的专业基础必修课,其先修课程为普通心理学,该课程也是后续学前儿童行为观察与引导、学前儿童社会教育、学前儿童健康教育等课程的基础课程。其中,"学前儿童心理发展的基本理论""学前儿童心理发展的年龄特征""学前儿童心理过程不同发展规律"等内容,不仅是幼儿园教师岗位所必备的知识和技能,同时也是幼儿园教师职业技能鉴定的考核项目。

"学前儿童发展心理学"对于研究 0~6 岁的儿童,以及儿童差异化性格特点,具有理论指导意义。如何在教育教学中运用儿童发展心理学知识指导学生教学实践、把握儿童身心发展规律、促进儿童健康快乐成长,具有十分重要的意义。本课程旨在对已有课程资料分析的基础上,以学生为中心,开展模块化教学,使学生的学习目标更加具有针对性和实用性,通过"学、思、做",形成大量工作案例,总结一般规律,进而使教材校本化、生本化,达到学生双创能力的培养和提升,同时也让课程更加鲜活、更有特色,在精品化课程、精品化专业发展中探索一条道路。

(二)课程教学大纲

"学前儿童发展心理学"课程教学大纲具体参见表 4-20。

表 4-20　"学前儿童发展心理学"课程教学大纲

课程代码:kg2021jc19　　　　　　　　　课程名称:学前儿童发展心理学
授课教师:杨颖
课程性质:必修　　　　学时:32　　　学分:2　　　授课对象:学前教育专业

项　目	内　　容
课程目标	初步掌握 0~6 岁的儿童认知、情感、意志,以及儿童差异化性格特点,能够在教育教学中运用儿童发展心理学知识、把握儿童身心发展规律,促进儿童健康

课程目标	快乐成长。本课程旨在对已有课程资料分析的基础上,以学生为中心,开展模块化教学,使学生的学习目标更有针对性和实用性,通过"学、思、做",形成大量工作案例,总结一般规律,进而使教材校本化、生本化,达到学生双创能力的培养和提升,同时也让课程更加鲜活、更有特色,在精品化课程、精品化专业发展中探索一条道路
学习成果	学生教师资格证通过率;作业(思维导图、汇报 PPT、练习册)
教学方法	☑讲授　☑小组讨论　☑答疑　☐实验　☑实训　☑自主学习
先修课程	专业基础课程:普通心理学
后衔接课程	专业基础课程:教育心理学、学前儿童行为观察与引导、幼儿园游戏与指导、幼儿园组织与管理 项目化课程:幼儿园保育教育实践、幼儿园游戏活动组织与实施、幼儿园一日流程
课程资源	自主设计(选择相应选项即可,如有补充请填写内容) ☑教材　☑教辅用书　☑拓展书目　☐教具　☐实验室　☑网络平台 ☐图片　☐音频　☑视频　☐软件　☐学科专家、科学家、企业家等社会人士　☐实地/现场　☐图书馆、博物馆等社会场所　☐期刊　☑教学过程中生成性资源(如教学活动中提出的问题、学生的作品/作业、课堂实录等) ☐其他(请填写)_____ 现成资源(选择相应选项即可,如有补充请填写内容) ☑教材　☑教辅用书　☑拓展书目　☐教具　☐实验室　☐图片　☐音频 ☑视频　☐软件　☐学科专家、科学家、企业家等社会人士　☐实地/现场 ☐图书馆、博物馆等场所　☐期刊　☑教学过程中生成性资源 ☐其他(请填写)_____
课程评价方式	本课程考核方式分为过程性考核(平时考核)和结果性考核(期末考核) 平时成绩占 40%,期末考核占 60% 其中平时成绩,满分 100 分,每部分均为实际分值核算 ① 学生考勤:10 分,任课教师通过翻转校园 App 对学生进行考勤;旷课扣1 分/次,迟到、早退扣 0.5 分/次,请假扣 0.5 分/次;缺课累计达到总课时1/3 以上学时的学生,取消本学期该课的考试资格 ② 作业:30 分,作业 10 次,1 次满分 3 分,根据作业情况给 0~3 分 ③ 课堂表现:10 分,包括课堂讨论、课堂提问、活动参与、课堂纪律等,共 4 次,根据学生表现情况酌情给 0~2.5 分 ④ 测验:20 分,在学习中心上进行,合计 400 小题,1 题 0.5 分,根据系统测验汇总结果进行换算 ⑤ 大学生慕课:30 分,任课教师通过大学生慕课系统导出成绩

（三）课程教学进度表

"学前儿童发展心理学"课程教学进度具体参见表 4-21。

表 4-21　"学前儿童发展心理学"课程教学进度表

周次	课　上			课　下		备注
	课程主题内容	教学场所	计划学时	学习主题内容	学生用时/分	
第 1～2 周	学前儿童发展心理学概述	311	4	① 大学生慕课"学前儿童发展心理学概述"的学习 ② 教材《学前儿童发展心理学概述》的学习 ③ 相关文献的学习 ④ 相关案例的学习 ⑤ 实训任务（遗传决定发展 VS 环境决定发展辩论赛） ⑥ 观看电影《看上去很美》。思考：第一，如何看待电影中的小男孩方枪枪的梦游现象？第二，如何评价教师模仿大猩猩的行为？第三，如何认识幼儿园小朋友在深夜集体行动去捆绑教师的行为？	430	
第 3 周	学前儿童心理发展的主要特征	311	2	① 大学生慕课"学前儿童心理发展的主要特征"的学习 ② 教材《学前儿童心理发展的主要特征》的学习 ③ 相关文献的学习 ④ 相关案例的学习 ⑤ 实训任务（行为主义问题情境案例分析） ⑥ 设计一份关于"幼儿心理学在幼儿园教育教学活动中的作用"的调查问卷或者访谈提纲，就学前儿童心理方面的问题对幼儿园教师和家长进行调整，进一步认识学前儿童发展心理学的意义和价值	230	
第 4 周	学前儿童注意的发展	311	2	① 大学生慕课"学前儿童注意的发展"的学习 ② 教材《学前儿童注意的发展》的学习 ③ 相关文献的学习 ④ 相关案例的学习 ⑤ 实训任务（幼儿注意特点：幼儿园实录视频分析） ⑥ 观察学前儿童在一天中的动作行为与成人的不同，并记录下来	230	

续表

| 周次 | 课 上 | | | 课 下 | | 备注 |
	课程主题内容	教学场所	计划学时	学习主题内容	学生用时/分	
第5周	学前儿童感知觉的发展	311	2	① 大学生慕课"学前儿童感知觉的发展"的学习 ② 教材《学前儿童感知觉的发展》的学习 ③ 相关文献的学习 ④ 相关案例的学习 ⑤ 实训任务(幼儿感知觉特点:幼儿园实录视频分析) ⑥ 利用见习的机会,观摩一堂大班的数学课、语言课或科学课,并且运用所学的相关知识,分析教师如何培养学前儿童的感知觉	230	
第6周	学前儿童记忆的发展	311	2	① 大学生慕课"学前儿童记忆的发展"的学习 ② 教材《学前儿童记忆的发展》的学习 ③ 相关文献的学习 ④ 相关案例的学习 ⑤ 实训任务(幼儿记忆特点:幼儿园实录视频分析) ⑥ 利用"艾宾浩斯遗忘规律"设计一节活动课,将其运用到教育教学活动中,观察记录效果	230	
第7周	学前儿童想象的发展	311	2	① 大学生慕课"学前儿童想象的发展"的学习 ② 教材《学前儿童想象的发展》的学习 ③ 相关文献的学习 ④ 相关案例的学习 ⑤ 实训任务(幼儿想象特点:幼儿园实录视频分析) ⑥ 到幼儿园去观察,对学前儿童的艺术作品所体现的想象特点进行分析,写出调研报告	230	
第8周	学前儿童思维的发展	311	2	① 大学生慕课"学前儿童思维的发展"的学习 ② 教材《学前儿童思维的发展》的学习 ③ 相关文献的学习 ④ 相关案例的学习 ⑤ 实训任务(幼儿思维特点:幼儿园实录视频分析) ⑥ 设计一个促进中班学前儿童时间概念发展的教学活动方案,形成书面材料	230	

续表

周次	课　上			课　　下		备注
	课程主题内容	教学场所	计划学时	学习主题内容	学生用时/分	
第 9 周	学前儿童言语的发展	311	2	① 大学生慕课"学前儿童言语的发展"的学习 ② 教材《学前儿童言语的发展》的学习 ③ 相关文献的学习 ④ 相关案例的学习 ⑤ 实训任务(幼儿言语特点:幼儿园实录视频分析) ⑥ 在幼儿园上一节有关言语的课,观察分析幼儿的行为,写出观察分析报告	230	
第 10 周	学前儿童的情绪与情感	311	2	① 大学生慕课"学前儿童的情绪与情感"的学习 ② 教材《学前儿童的情绪与情感》的学习 ③ 相关文献的学习 ④ 相关案例的学习 ⑤ 实训任务(街头采访汇报:学前儿童恐惧的对象及原因) ⑥ 设计 1 份学前儿童道德两难故事调查表,并根据调查表对 1～20 名学前儿童进行调查研究,写出研究报告	230	
第 11 周	学前儿童意志的发展	311	2	① 大学生慕课"学前儿童意志的发展"的学习 ② 教材《学前儿童意志的发展》的学习 ③ 相关文献的学习 ④ 相关案例的学习 ⑤ 实训任务(幼儿意志特点:幼儿园实录视频分析) ⑥ 请结合相关知识,简要阐释如何培养学前儿童的意志品质 ⑦ 实践活动:在幼儿园上一节课,观察分析幼儿的意志,写出观察分析报告	230	

续表

周次	课 上			课 下		备注
	课程主题内容	教学场所	计划学时	学习主题内容	学生用时/分	
第12—13周	学前儿童个性的发展	311	4	① 大学生慕课"学前儿童个性的发展"的学习 ② 教材《学前儿童个性的发展》的学习 ③ 相关文献的学习 ④ 相关案例的学习 ⑤ 实训任务(量表自测:气质类型测试) ⑥ 在幼儿园组织一节"认识自己"的课程,观察分析幼儿的自我意识发展,写出观察分析报告	430	
第14周	学前儿童社会性发展	311	2	① 大学生慕课"学前儿童社会性发展"的学习 ② 教材《学前儿童社会性发展》的学习 ③ 相关文献的学习 ④ 相关案例的学习 ⑤ 实训任务(情景剧模拟:陌生情境实验分析依恋类型与表现)	230	
第15—16周	实践活动汇报展示 知识复盘 案例分析	311	4	① 完成案例分析:顺顺今年2岁,爱用左手吃饭、做事,而且性格孤僻,不爱与人交流。对此,父母感到很担忧,认为孩子是不是动作方面没有发育好,还没有接受新事物的能力。 学生进行分析讨论:a. 通过对案例的理解与分析,进一步掌握学前儿童神经系统的发展特点和大脑功能及动作发展的特点;b. 初步了解如何以有效的方式去训练幼儿的动作;c. 每个学生就上述案例中顺顺的行为进行可能的解释,形成书面的答案提交给教师 ② 完成该门课课程的系统梳理和复习	300	
	合　计		32	合　计	3 460	

（四）课程设计

"学前儿童发展心理学"课程设计具体参见表4-22。

表 4-22　"学前儿童发展心理学"课程设计

2023—2024 年第二学期　第 6 周

知识建模图：

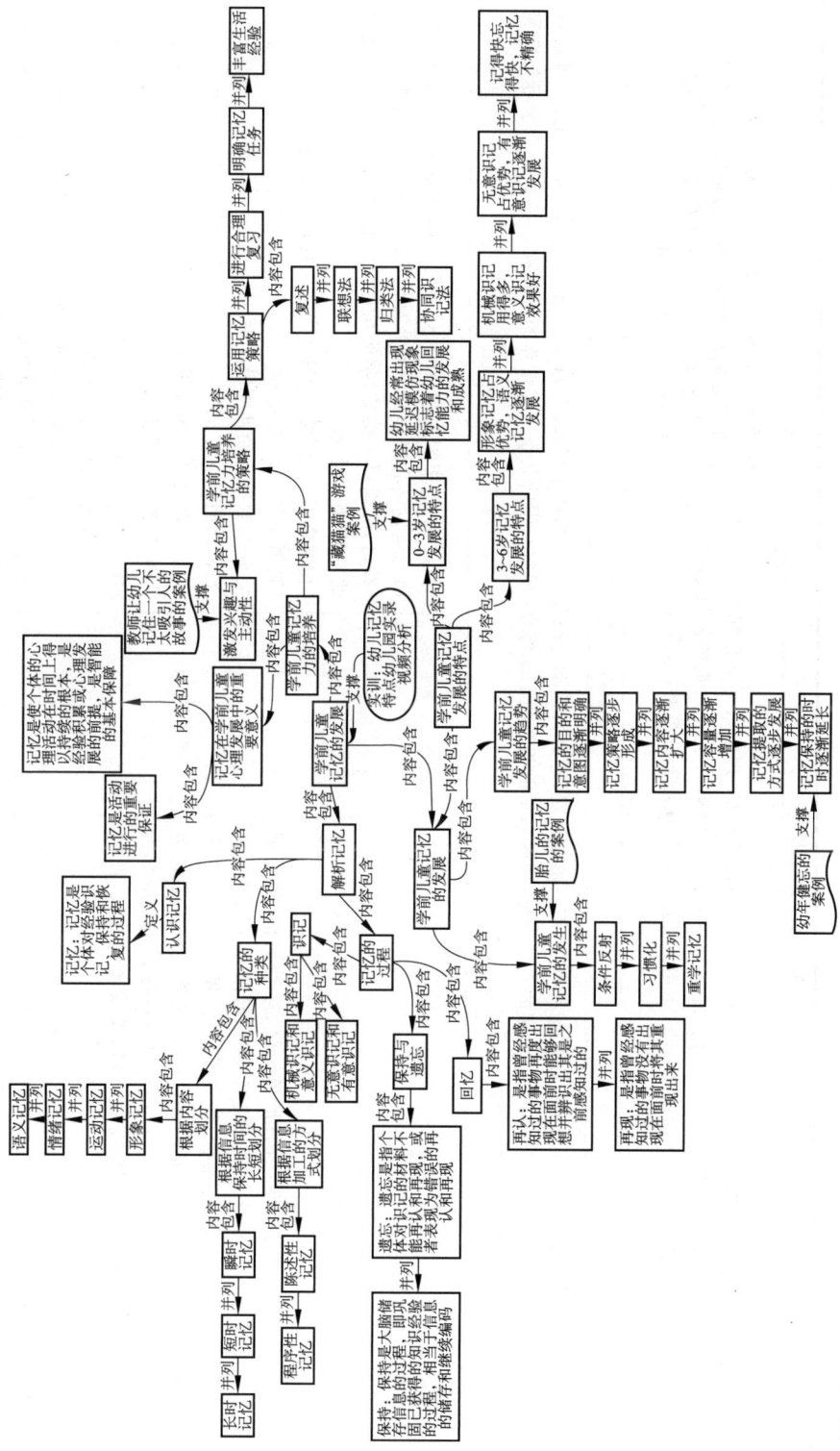

记忆是使个体的心理活动在时间上得以持续积累的根本，是经验积累和前提，是智能发展的基本保障

记忆是活动进行的重要保障

记忆在学前儿童心理发展中的重要意义

记忆：记忆是个体对经验识记、保持和重现复现的过程（定义）

认识记忆

解析记忆

学前儿童记忆的发展

学前儿童记忆的特点

学前儿童记忆力的培养

实训：幼儿园记忆视频分析

记忆的种类

记忆的过程

保持与遗忘

回忆

识记

根据内容划分

语义记忆／情绪记忆／运动记忆／形象记忆（并列）

根据信息保持的时间长短划分

机械识记和意义识记

无意识记和有意识记

瞬时记忆

短时记忆／长时记忆（并列）

程序性记忆／陈述性记忆（并列）

保持：保持是大脑对曾经存储过程的知识经验巩固已获得的知识经验的过程，相当于信息的储存和继续编码

遗忘：遗忘是记忆的材料不能再认和再现，或者再现和再认是错误的（认识再现）

再认：是指曾经感知过的事物再度出现在面前时能够回想之是是之前感知过的

再现：是指曾经感知过的事物没有出现在面前而将其重现前感知知出来

学前儿童记忆的发生

条件反射／习惯化／重学记忆（并列）

胎儿的记忆的案例（支撑）

记忆的目的和意图逐渐明确

记忆策略逐步形成

记忆内容逐渐扩大（并列）

记忆容量逐渐增加（并列）

记忆提取的方式逐步发展（并列）

记忆保持的时间逐渐延长（并列）

幼年健忘的案例（支撑）

学前儿童记忆力培养的策略

激发兴趣是发展记忆主动性

教师让幼儿记住一个不认识的人的故事的案例（支撑）

0~3 岁记忆发展的特点

3~6 岁记忆发展的特点

"藏猫猫"游戏案例（支撑）

幼儿经常出现延迟模仿现象，记忆力的发展和成熟

运用记忆的策略

复述／联想法／归类法／协同识记法（并列）

记忆力并列进行合理复习——明确记忆并列丰富生活经验

形象记忆占优势，语义记忆逐渐发展（并列）

机械识记多，意义识记效果好（并列）

无意识记占优势，有意识记逐渐发展（并列）

记得快，记得牢，不精确

续表

		知识点（学习水平）	素质目标
学习目标		记忆的定义（记忆）；记忆的种类（运用）；形象记忆（理解）；运动记忆（理解）；情绪记忆（理解）；语音记忆（理解）；瞬时记忆（理解）；短时记忆（理解）；学前儿童的发展趋势（记忆）；学前儿童的记忆特点（运用）；学前儿童记忆培养策略的（运用）	① 帮助学生树立正确的儿童观、热爱儿童； ② 艾宾浩斯受费希纳《心理物理学纲要》一书的影响，对心理学产生浓厚的兴趣，激发了学生对心理学的热爱
		记忆的定义（理解）；记忆的种类（理解）；形象记忆（理解）；运动记忆（理解）；情绪记忆（理解）；瞬时记忆（理解）；语音记忆（理解）；短时记忆（理解）；学前儿童的发展趋势（理解）；学前儿童记忆特点（理解）；学前儿童记忆培养的策略；《3～6岁儿童学习与发展指南》关于记忆的内容（理解）	
学习先决知识技能		记忆的定义（理解）；记忆的种类、运动记忆、情绪记忆、语音记忆、瞬时记忆、短时记忆、程序性记忆的案例；学前儿童记忆发展趋势；提高儿童记忆力的材料；幼儿健忘症的材料；艾宾浩斯遗忘曲线	
	课上资源	苗苗识字案例；形象记忆的案例；陈述性记忆的案例；胎儿记忆的材料；幼儿和小游戏的儿童的材料	
	课下资源	（微课视频）中国大学MOOC黄河科技学院杨颖主讲的《学前儿童发展心理学》"学前儿童记忆的发展"相关视频 （教材）陈嫱眉主编的《学前儿童发展心理学》评分表 （拓展资料）学生课堂汇报（含问题处理）的发展》相关内容 （素材文件）学习中心 文本1《教师教幼儿唱歌的案例》 文本2《胎儿的记忆》 文本3《教师让小班幼儿记故事的案例》 文本4《教师经常提问幼儿的案例》 （学术网站）知网 论文1《论学前儿童记忆的培养》 论文2《背景音乐对幼儿抑制和工作记忆的影响》 论文3《不同类型的背景音乐对小班幼儿工作记忆广度的影响》 论文4《基于记忆策略的绘本教学对幼儿记忆品质的培养研究》 （参考书）陈嫱眉编著的《学前儿童发展心理学》"学前儿童记忆的发展"相关章节	

续表

课上时间 100 分钟		课下时间		230 分钟
活动序列	活动的学习目标	地点	时间	学习资源
活动 1	学生小组汇报（PPT），教师听取汇报后，梳理本章的全部知识点，梳理出本节课学生未解决的知识点。学生汇报内容包括：① 学会了什么？（已解决的问题）② 出对应的真题 10 道，题型不限（自己考一考），要求有详细答案 ③ 学习成果	— 311	课下 50 分钟 课上 30 分钟	（微课视频）中国大学 MOOC 黄河科技学院杨颖主讲的《学前儿童发展心理学》"学前儿童记忆的发展"相关视频（教材）陈嵋眉主编的《学前儿童发展心理学》相关内容（拓展资料）学生课堂汇报（含同题处理）评分表（参考书）陈嵋眉主编的《学前儿童发展心理学》"学前儿童记忆的发展"相关章节
活动 2	① 结合日常生活经验及相关情景，理解记忆的定义 ② 通过相关的材料，学习和掌握记忆的分类 ③ 通过教师讲解，深入理解学前儿童记忆	— 311	课下 50 分钟 课上 10 分钟	① 苗苗识字的材料 ② 记忆分类的图片和材料 ③《3—6 岁儿童学习与发展指南》
活动 3	① 通过相关的材料，学习和掌握学前儿童记忆发生的内容 ② 通过相关的材料，学习和掌握学前儿童记忆的发展 ③ 通过相关材料掌握学前儿童记忆的特点	— 311	课下 50 分钟 课上 20 分钟	① 胎儿记忆的材料 ② 学前儿童记忆发展特点的图片 ③ 学前儿童记忆发展的材料
活动 4	① 通过相关的材料，学习和掌握学前儿童记忆的发展 ② 通过相关材料掌握学前儿童记忆的特点	— 311	课下 50 分钟 课上 20 分钟	① 丫丫妈妈培养丫丫记忆力的案例 ② 提高学前儿童记忆力的几种小游戏
活动 5	① 实训汇报。通过"岗—证—赛"，使学生将知识和岗位要求对接起来 ② 幼儿记忆特点录像视频分析	— 311	课下 30 分钟 课上 20 分钟	① 视频分享考核评价体系 ② 视频分析记录表

活动1 知识建模图

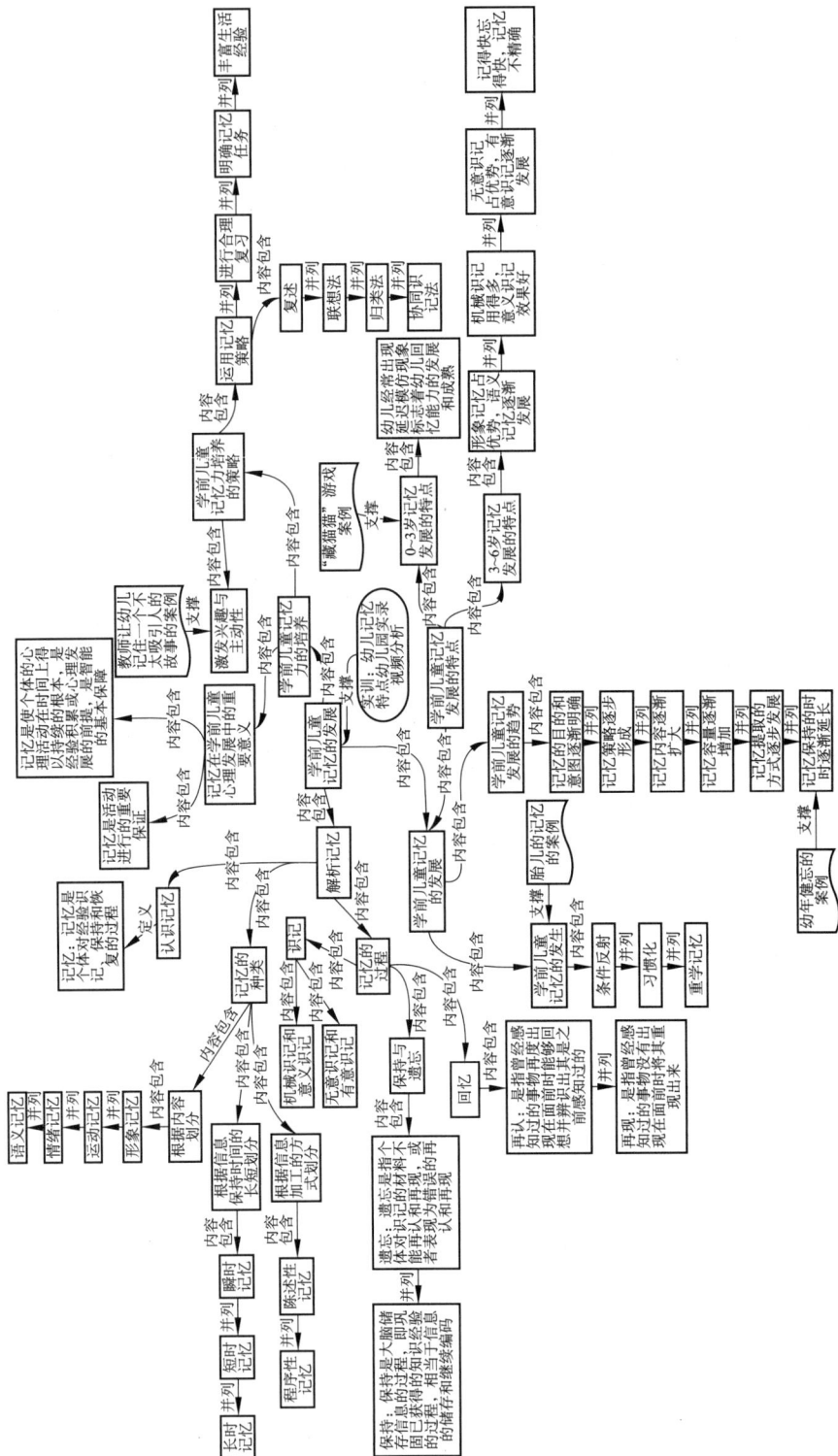

- 记忆是使个体的心理活动在时间上得以连续积累或累心理是发展的前提，是主能发展的基本保障
- 记忆是活动进行的重要保证
- 记忆：记忆是个体对经验的识记、保持和恢复的过程
- 记忆是经验恢复的过程
- 定义
- 认识记忆
- 记忆在学前儿童心理发展中的重要意义
- 记忆的种类
- 记忆的过程
- 语义记忆／情绪记忆／运动记忆／形象记忆（根据内容划分）
- 机械识记和意义识记／无意识记和有意识记
- 瞬时记忆／短时记忆／长时记忆（根据信息保持时间的长短划分）
- 程序性记忆／陈述性记忆（根据信息加工的方式划分）
- 保持是大脑储存信息的过程，即巩固已获得的知识经验的过程，相当于信息的储存和继续编码
- 遗忘：遗忘是指个体对识记过的材料不能再认和再现，或表现为错误的再认和再现
- 回忆
- 保持与遗忘
- 再认：是指曾经感知过的事物再度出现在面前时能够识别出来是之前辨认出来识过的
- 再现：是指曾经感知过的事物没有重现在面前时把其重现出来
- 学前儿童记忆的发展
- 学前儿童记忆的发生
- 条件反射／习惯化／重学记忆
- 支撑儿童记忆的案例
- 学前儿童记忆发展的趋势
- 记忆的目的逐渐明确
- 记忆策略逐步形成
- 记忆内容逐步扩大
- 记忆容量逐渐增加
- 记忆提取的方式逐步发展
- 记忆保持的时间逐渐延长
- 幼年健忘案例（支撑）
- 学前儿童记忆发展的特点
- 0-3岁记忆发展的特点
- 3-6岁记忆发展的特点
- 形象记忆占优势，语义记忆逐渐发展
- 机械记忆用得多，意义记忆效果好
- 无意识记占优势，有意识记逐渐发展
- 记得快忘得快，记忆不精确
- 幼儿经常出现延迟模仿现象，标志着幼儿记忆能力的增长和成熟
- "躲猫猫"游戏（支撑）
- 实训：幼儿园实录视频特点分析
- 学前儿童记忆力发展的策略
- 运用记忆策略
- 复述／联想法／归类法／协同识记记法
- 明确记忆任务
- 记忆力进行合理复习
- 记忆力丰富生活经验
- 激发兴趣与主动性
- 记忆在学前儿童心理发展中的重要意义
- 教师让幼儿记住一个引人入胜的故事的案例（支撑）

活动目标	① 系统掌握本章节的框架 ② 各组梳理出本组存疑的知识点		
活动任务序列(导入任务)(导入任务描述):通过"学习通"选出汇报组进行汇报			
师生交互过程	教师行为:引入本节课的"主题—记忆" 学生行为:学生预习并制作该章节作课 PPT,以小组为单位,进行汇报并探讨结论 (为了方便小组成员之间的沟通与交流,采用以 4 小组为单位划分)		
活动任务序列(任务一)			
任务一知识组块	任务描述	采用学生小组分享学习的方法,达到系统掌握知识框架的目的	
	任务时长	5~8 分钟	
	学习地点	311	
教学方法(或学习方法)	□讲授　☑小组讨论　□答疑　□实验　□实训　☑自主学习		
师生交互过程	教师行为:记录学生存疑的知识点,引导学生思考后回答 学生行为:思考并回答汇报组汇报存疑的知识点		
学习资源	(微课视频)中国大学 MOOC 黄河科技学院杨颖主讲的《学前儿童发展心理学》"学前儿童记忆的发展"相关视频 (教材)陈帼眉主编的《学前儿童发展心理学》"学前儿童记忆的发展"相关内容 (拓展资料)学生课堂汇报(含问题处理)评分表		
学习成果及评价标准	(1) 小组汇报 PPT 的完成情况,根据完成情况打分 0~10 分 (2) 思维导图的完成情况,根据完成情况打分 0~5 分 (3) 学习中心试题检查:答对 1 分,答错 0 分 ① 把记忆的材料保存在大脑中的环节是(　　) 　A. 再认　　B. 再现　　C. 保持　　D. 识记 答案:C		

续表

学习成果及评价标准	②新生儿记忆的主要表现之一是（ ）
	A. 听觉记忆确已出现 B. 再认的形式
	C. 记忆方面出现量的变化 D. 对条件刺激物形成某种稳定的行为反应
	答案：D
	③如果没有记忆，幼儿就不能学习，不能产生表象、想象和思维（ ）
	答案：√
	④根据信息保持时间的长短划分，记忆可以分为（ ）、（ ）和（ ）
	答案：瞬时记忆、短时记忆，长时记忆
备注	汇总学生存疑的知识点

任务二知识组块	活动任务序列（任务二）	
	任务描述	教师通过归纳本章的框架，让学生进一步掌握该章重难点
	任务时长	10分钟
	学习地点	311
教学方法（或学习方法）	☑讲授 □小组讨论 ☑答疑 □实验 □实训 □自主学习	

师生交互过程	教师情境导入：幼儿园数字教学时，幼儿教师与幼儿一起探讨"1"像棍子，"2"像鸭子，"3"像耳朵，"4"像旗子，"5"像钩子，"6"像哨子，"7"像拐杖，"8"像葫芦，"9"像气球等，通过这种方法，幼儿往往记得又快又牢
	教师提问："在上述活动中，幼儿教师采取什么方法提高幼儿记忆的效果？为什么这种方法使知觉增强认知与记忆效果很好？"
	学生思考回答："儿童思维中形象思维占主要地位，抽象思维比较弱，所以借助感觉知觉增强认知，记忆效果会很好。"
	教师总结："儿童记忆是一个非常重要的课题，那就是记忆，什么是记忆，记忆的基本过程是我们所探讨的主要问题。"
	有哪些特点及如何培养学前儿童记忆将是我们探讨的主要问题。

续表

学习资源	（微课视频）中国大学 MOOC 黄河科技学院杨颖主讲的《学前儿童发展心理学》"学前儿童记忆的发展"相关视频 （教材）陈幅眉主编的《学前儿童发展心理学》"学前儿童记忆的发展"相关内容 （拓展资料）学生课堂汇报（含问题处理）评分表
学习成果及评价标准	学习中心试题检查：答对 1 分，答错 0 分 （1）简述再认和再现的关系 答案：再认和再现既有联系又有区别.再认和再现的两种不同形式。再认和再现的区别：①再认回忆的难度比再现回忆的难度低，能再现的一定能再认；②再认事物时是事物重现在面前，进行辨认；再现事物时是事物没有在面前，需要重新回忆进行辨认 （2）简述学前儿童记忆发展的趋势 答案：①记忆保持的时间逐渐延长；②记忆提取的方式逐步发展；③记忆的容量逐渐增加；④记忆内容的逐渐扩大；⑤记忆的目的和意图逐渐明确；⑥记忆策略圣手形成 （3）简述记忆在学前儿童心理发展中的重要性 答案：学前儿童的记忆能力是先天的，其记忆的发展为他们日益丰富的心理世界创造了必不可少的条件。如果没有记忆，儿童就不能学习，不能产生表象、想象和思维，发展情感、意志，形成独特的个性特征。因此，记忆在学前儿童发展中起到了重要的作用
备注	

（五）实施过程

1. 明确教学目标

据我校应用型人才培养的定位,以教育部"两性一度"课程标准为指导,针对学生学习需求特点,兼顾毕业发展规划需要,基于OBE理念,本课程教学达成目标为:知识目标、能力目标和素质目标。

2. 重构教学内容

根据岗位调研和项目化课程,重构了教学内容,删除了部分晦涩难懂的内容,增加了贴近学前教育实训的内容,从实践教学实际出发,优化重构教学内容,提升课程内涵,共12章节内容,包括学前儿童注意力的发展、学前儿童记忆的发展、学前儿童思维的发展等内容。

3. 选择教学方法

根据教学目标和教学内容,选择合适的教学方法。常用的教学方法包括探究式教学模式、合作教学模式、活动教学模式、任务驱动教学模式等。

4. 教学实施

按照教学计划和教学方法进行教学。学生在课前完成任务清单内容,在教学过程中,教师需要引导学生积极参与,激发学生的学习兴趣,培养学生的独立思考和解决问题的能力。

5. 教学评估

通过各种形式的考核,如笔试、口试、作业检查、实践活动等,对学生的学习效果进行评估,其中实践作业主要考查学生能否分析出行为背后的原因,从"看到—看懂—准确"逐步分析。其中行为观察分为:集体活动、区域活动和户外活动等多方面的观察,此项评分由幼儿园配班教师站在学前儿童发展心理学的角度进行打分。

6. 教学反思与改进

教师需要对教学过程进行反思,总结经验教训,不断改进教学方法和手段,以提高教学效果。

（六）教学评价

本课程的成绩＝过程性评价(平时考核)40％＋总结性评价(期末考核)40％＋实践性评价20％。

评价标准如下。

（1）过程性评价:主要包括出勤、学习主动性、学习热情、作业完成情况、提问时问题的回答情况、大学生慕课的完成情况等,课程学习中评价,突出过程与情境或任务结果评价,结合课堂提问、课后任务、任务结果考核等手段,进行全方位的教学环节的考核,注重平时采分,即形成性评价。

（2）总结性评价：以期末考试的方式进行评价。主要考查学生对基础知识、基本理论的掌握程度。

（3）实践性评价：学生在实习时进行 3 次追踪,完成"学前儿童行为观察与分析"报告,并由幼儿园配班班主任站在学前儿童发展心理学的角度进行打分。

结　　语

学前教育高质量发展关乎儿童的健康成长和国家的未来,培养合格的优质教师是关键性因素和起始点的建构。在新时代背景下,改变传统的教学模式,探索产教融合课程体系改革的新路子,是应用型本科学前教育师资培养的必由之路。本书以黄河科技学院学前教育专业为实践平台,在系统梳理学前教育专业人才培养核心要素的基础上,围绕课程体系构建、知识建模、项目化教学改革和OBE理念的教学设计等主题,进行了一系列的实践探索。通过构建完善的课程体系和绘制课程知识图谱,将理论创新融入教学实践,并以典型课程案例,呈现项目化教学改革中形成的知识建模图、教案和教学设计,形成了可复制、可推广的"2+1+1"人才培养的新体系。编写团队致力于全面展示学前教育专业如何通过项目化教学与能力导向的模型设计,有效回应社会对高素质学前教育人才的迫切需求,旨在用可视化、可操作的教学成果,为教育实践提供有参考价值的范本。

本书编写过程中的实践探索表明,运用"2+1+1"人才培养的新体系,通过项目化教学与校企协同育人,学生分阶段参与真实项目训练,使课程体系与市场需求紧密对接,学生岗位胜任力显著增强。项目化教学实现了从知识传授向能力导向的转型,实践教学实现了从封闭课堂向开放项目的跃升。课程设计逐步聚焦学生的综合素养与职业胜任力,教师队伍的转型发展也为教学改革持续注入了活力。改革实施后,人才培养质量明显提高,师生满意度大幅提升。改革经验也引起广泛关注,学生就业质量显著提升,优质公办示范幼儿园提前预定毕业生,多所高校和众多企事业单位前来交流观摩,并在各类教育研讨会上分享。

改革之路不会一帆风顺,随着数字化教学的深入推进,学前教育专业的发展将面临更加多元的挑战与机遇,如何充分利用信息技术提升教学效能和培养质量已成为重要课题。师资队伍建设依然关键,需要培养理论与实践兼备的教师,通过加强培训和企业实践持续提升教师专业水平。同时,应强化园校协同育人机制,高校与幼儿园共建实践基地、共享教学资源,形成教育与实践良性互动的机制。只有不断创新、应对数字化变革与教育现代化需求,才能探索出提升人才培养质量的新路径。

最后,谨向参与编写的团队成员、给予专业指导的专家以及提供实践支持的合作幼儿园单位致以衷心的感谢。

参 考 文 献

[1] 中共中央国务院关于学前教育深化改革规范发展的若干意见[J]. 基础教育参考,2019(1):79.

[2] 教育部等四部门关于实施第三期学前教育行动计划的意见[J]. 基础教育参考,2017(11):5.

[3] 中共中央 国务院关于学前教育深化改革规范发展的若干意见[J]. 中华人民共和国教育部公报,2018(11):2-8.

[4] 教育部关于大力推进幼儿园与小学科学衔接的指导意见[J]. 中华人民共和国教育部公报,2021(4):38-54.

[5] 教育部等九部门关于印发《"十四五"学前教育发展提升行动计划》和《"十四五"县域普通高中发展提升行动计划》的通知[J]. 中华人民共和国教育部公报,2022(Z1):6-14.

[6] 教育部关于印发《幼儿园保育教育质量评估指南》的通知[J]. 中华人民共和国教育部公报,2022(Z2):18-26.

[7] 中共中央办公厅 国务院办公厅印发《关于深化现代职业教育体系建设改革的意见》[J]. 中华人民共和国教育部公报,2023(Z1):2-5.

[8] 国家发展改革委等.《职业教育产教融合赋能提升行动实施方案(2023—2025 年)》[J]. 职业技术教育,2024,45(3):67.

[9] 何文涛.智慧学习环境下基于知识建模图的在线教育资源众筹及其应用研究[J].电化教育研究,2019,40(4):59-67.

[10] 王晖楠.高职学前教育专业学生应具备的职业能力分析及培养[J].产业与科技论坛,2019,18(5):215-216.

[11] 祁海芹.高职学前教育专业学生应具备的职业能力分析及培养[J].辽宁教育研究,2003,(11):64-66.

[12] 陈静奋,周洁.学前儿童音乐教育活动设计与指导[M].上海:上海交通大学出版社,2018.

[13] 李生兰.幼儿园与家庭、社区合作共育[M].北京:北京师范大学出版社,2016.

[14] 刘源远.大班幼儿共情能力培养路径研究[J].基础教育研究,2018(13):78-80.

[15] 周世华,王燕媚.学前儿童社会教育[M].3 版.北京:高等教育出版社,2019.

[16] 肖成林,赵倩倩,冯敏洁.学前儿童社会教育[M].镇江:江苏大学出版社,2020.

[17] 张明红.学前儿童社会教育与活动指导[M].3 版.上海:华东师范大学出版社,2021.

[18] 王东昇.幼儿园一日流程[M].成都:四川大学出版社,2020.

[19] 杨开城.以学习活动为中心的教学设计实训指南[M].北京:电子工业出版社,2016.

[20] 杨开城.课程开发:一种技术学的视角[J].现代教育技术,2009,19(11):10-12,122.

[21] 张晓英.课程开发中的知识分析技术的初步探索[D].北京:北京师范大学,2007.

［22］杨开城.课程开发:一种技术学的视角［M］.北京:北京师范大学出版社,2018.

［23］杨俊锋,龚朝花,余慧菊,等.智慧学习环境的研究热点和发展趋势:对话 ET&S 主编 Kinshuk
（金沙克）教授［J］.电化教育研究,2015,36(5):85-88,95.

［24］徐玉珍.校本课程开发:概念解读［J］.课程·教材·教法,2001(4):12-17.

［25］李利平.校本课程开发中教师增权之探［J］.教育理论与实践,2004(8):45-47.

［26］傅建明.教师与校本课程开发［J］.教育研究,2001(7):56-60.

附录　知识建模法

一、知识建模法简介

（一）概念及应用

知识建模法应用非常广泛，是一个复杂的过程，涉及多个步骤和方法。它旨在创建一个专业知识建模图，为培养新型人才搭建坚实的知识体系基础。

知识建模法将知识域可视化或映射为地图。通过可视化技术，理解知识与知识之间的关系。知识建模法是以图的形式表示知识，其中节点代表实体，如人物、地点或事物；线则代表实体之间的关系。知识建模法在操作中通常需要借助 Microsoft Visio 软件。

（二）作用

知识建模法可以将传统的学科知识体系和企业的实践知识体系用一个逻辑联系起来，形成统一的人才培养的知识点数据库；可实时动态更新"有用"的教学知识、企业任务知识等。知识建模法不仅在技术领域发挥着重要的作用，而且在教育教学领域也带来了革命性的变化，其主要作用体现在以下三个方面。

第一，帮助教师进行课程先后序列的排布。

第二，帮助教师进行每课教学任务的分解。

第三，检查专业的人才培养目标与课程结构之间的对应性，以及课程目标与其知识结构的对应性是否清晰、合理。

二、准备工作

在进行知识建模前，教师需提前做好以下准备工作。

（1）每个专业以一门项目化教学课程及其对应的专业基础课为分析单位。

（2）本专业参与项目化教学课程及其对应的专业基础课的所有教师。

（3）项目化教学课程相关的所有资料：教材、企业任务说明书、企业任务工单、视频学习资料、其他资料等。

（4）所有教师携带笔记本电脑，提前安装好 Microsoft Visio 软件。

（5）以 2～3 位教师为一组，合作一个模块的知识建模，可以按照模块内容或者章节内容进行分工。

三、方法与规则

(一)罗列知识点

罗列专业基础课中要讲授的所有专业知识点,要注意以下事项。

(1)知识点应该是某种学习的结果。

(2)列出不属于教学资料的先决知识。

(3)有些知识点不在教学材料中,但需要学生掌握。

(4)对于无法确定的知识点,只要团队达成共识,就可以罗列进去。

(5)有可能不能完全将知识点罗列出来,后续还可以进一步补充。

以"中国近代史"课程中的"鸦片战争"章节为例,提取出的知识点包括鸦片战争、半殖民地半封建社会、鸦片战争前的中国、马嘎尔尼使团礼仪之争、林则徐虎门销烟、《南京条约》。

(二)确定知识的类型

知识的类型包括:陈述性知识、事实范例、程序性知识和认知策略。

(1)陈述性知识,又称描述性知识,是关于"是什么""为什么""怎么样"的知识,用字母"DK"表示,在知识建模图中用 ▭ 表示。

(2)从本质上讲,事实范例也是一种陈述性知识,如方案、产品、现象、事实、问题、案例、例子,以及命题的推导过程和论证过程,这类知识代表着特定的现实及知识的运用,用字母"FC"表示,在知识建模图中用 ▭ 表示。

(3)程序性知识,又称操作性知识,是关于"怎么做"的知识,这种知识表达的是实物的运动过程或者某种操作的步骤序列,用字母"PK"表示,在知识建模图中用 ⬭ 表示。

(4)从本质上讲,认知策略也是一种程序性知识,但由于其非常特殊,因此单独归类,包括问题解决策略、学习方法、信息加工策略等,用字母"CS"表示,在知识建模图中用 ⬭ 表示。仍以"鸦片战争"章节为例,陈述性知识是近代中国、半殖民地半封建社会、鸦片战争前的中国;事实范例是鸦片战争、马嘎尔尼使团礼仪之争、林则徐虎门销烟、《南京条约》。

(三)绘制知识建模图

使用上述不同类型知识的图例,在 Microsoft Visio 软件中按照知识建模法绘制知识建模图。绘图时,必须标出所有知识点之间的关系,即九种语义关系:各类包含;组成或构成;是一种;具有属性;具有特征;定义;并列;是前提;支持。

绘制知识建模图时,需注意以下事项。

(1)"具有属性""组成或构成"两种关系必须标在最上位概念节点上;"是一种"关

系不能跨越概念层级。

（2）原则上禁止出现孤立节点。

（3）最终的知识建模图是共创和共识的结果。

（4）对知识建模图进行优化与定稿。

每位教师绘制好知识建模图后，交由另外 1～2 位教师进行检查，直到达成共识。该课程的知识建模图绘制完毕后，汇总并输出文档。

参考文献

［1］杨开城.以学习活动为中心的教学设计实训指南［M］.北京：电子工业出版社，2016.

［2］杨开城，陈洁，张慧慧.能力建模：课程能力目标表征的新方法［J］.现代远程教育研究，2022,34(2):57-63,84.

［3］杨开城，孙双.一项基于知识建模的课程分析个案研究［J］.现代教育技术，2010,20(12):20-25.

郑重声明

　　本书属于黄河科技学院教学改革系列成果之一,著作权属于黄河科技学院,作者享有署名权。

　　任何未经许可的复制、销售行为均违反《中华人民共和国著作权法》,其行为人将承担相应的法律责任。为了维护市场秩序,保护读者的合法权益,避免读者误用盗版书造成不良后果,我社将配合行政执法部门和司法机关对违法犯罪的单位和个人进行严厉打击。社会各界人士如发现上述侵权行为,希望及时举报,我社将奖励举报有功人员。